# 기도망대

세번째, 말씀묵상

# 기도망대

## 정 동 훈

에페코

## 3. 이방인의 뜰

## 4. 서밋의 망대

# "말씀을 붙잡고 기도하고 싶은데 어려워요"

우리 자신에게 인생의 전환점이 되는 순간을 어디서 찾고, 어디라 말할 수 있을까요? 다행히도 어린 시절부터 주일학교를 다니며, 하나님의 사랑과 예수 그리스도에 대한 말씀을 들을 수 있었지만, 불행히도 왜 예수님이 왜 나를 위해 죽으셨는지, 왜 예수만 믿어야 하는지를 모르고, 교회를 다니는 종교인이었습니다.

구원의 확신도 없이 포기와 절망 상태로 그 모든 책임을 하나님께로 돌리는 선택으로 이제 교회에 가지 않으리라 결심하던 그 때에 오직 그리스도의 복음만 고집스럽게 전하는 전도자를 만나게 하셨습니다.

습관적인 예배생활과 늘 똑같은 말처럼 들리던 복음의 말씀 앞에서 어느 날 내가 하나님을 떠난 죄인임을 깨닫게 하시고, 그리스도만이 하나님을 떠난 죄와 사탄과 지옥권세에서 구원하시는 길이요, 진리요, 생명임을 깨닫게 하셨습니다.

이후로 모든 예배가 새로워지고, 그리스도의 복음의 말씀들이 새롭게 정리 되면서 구원의 확신을 얻게 되고, 강단의 말씀을 그대로 믿는 단순한 마음을 주셔서 매주 말씀을 묵상한 기록들을 엮어 첫 번째 흔적을 남기게 하셨고, 하나님의 주권적인 역사 속에서 하나님께서 부탁하신 교회와 성도와 후대를 말씀으로 섬기기 위해 기도하며, 엎드린 10여년이 조금 넘는 시간들을 펼쳐보게 되었습니다.

내가 그렇게 응답받았듯이 성도들에게 강단 말씀을 붙잡고 기도하라 권하였는데, 어느 날 "말씀을 붙잡고 기도하고 싶은데 어려워요"라는 성도의 포럼을 듣고, 강단 말씀을 기도문으로 정리해줘야겠구나 생각하며, 매주 주일 새벽 예배를 마치고, 기도문을 정리하였습니다.

이 말씀을 묵상하는 기도 속에서 목회자인 내가 먼저 힘을 얻고, 순간마다 부딪치는 한계와 문제들 앞에서 하나님께로 피하는 시간, 전환점의 시간을 경험하였습니다.

나를 강권하셔서 모든 성도를 향해 증거 되는 말씀은 언제나 전 세계 237-5천 종족을 향하고, 그 가운데 병든 자를 향한 치유의 말씀이요, 우리 주님 다시 오실 때까지 이 복음을 지속할 후대를 키우는 일을 향해 있음을 알게 하십니다.

교회와 성도를 섬기기 위해 부탁하신 말씀이 내게서 먼저 확인되고, 누려지는 묵상과 기도의 망대 속에서 같은 언약과 소원을 품은 제자가 일어나고, 참 복음을 사모하는 영혼들을 모으고, 치유하고, 파송하는 뜰이 세워지는 그림을 그립니다.

늘 기억합니다. 그 실현의 날은 그 때가 아니라, 언제나 하나님과 동행하는 오늘임을 기억합니다. 내 후대와 내 뒷모습을 보게 될 남은 자들을 위해 살아있는 동안 후대를 위해 내가 남길 최고의 작품은 오늘도 하나님께로 피하는 길, 하나님과 함께하는 여정을 보여주는 것입니다.

2023년 11월
서재실에서 정동훈 목사

## 하나님의 영에 감동된 세대 　　　　　　　　　장성도 목사

　복잡한 것을 싫어하고 깊이 생각하지 않는 세대들이 일어나고 있습니다. 화려한 미디어와 현실과 가상현실을 넘나드는 메타버스 시대에 하나님을 바라보는 세대, 하나님의 말씀을 묵상하는 세대, 깊은 기도의 비밀속에서 하나님의 영에 감동된 세대가 일어나야 하는데, 이 책에 기록된 하나님의 말씀과 기도문을 읽으며 내려가는 동안 나의 영이 살아나고, 깨어나며, 어느덧 묵상과 깊은 기도속으로 들어가고 있는 나를 발견하게 되었습니다. 기도의 사람을 통해 정리된 이 책을 통해 기도와 묵상의 새로운 바람이 일어나고 명상운동을 능가하는 묵상운동이 일어나기를 축복하며 기도합니다.

## 영적인 보물 　　　　　　　　　　　　　　　　장병찬 목사

　얼마 전, 정동훈 목사님으로부터 '혼자 하나가 아닌 우리가 하나가 되는 비밀'이라는 책을 선물받았습니다. 책을 읽으며 문장 하나 하나에 담겨 있는 깊은 하나님의 마음과, 그 은혜의 누림 속에서 저자가 얻은 산 증거들을 보며 참 감명을 받았습니다.

　이번에 또한 '기도망대'라는 책을 내심을 축하드립니다. 세상에 수많은 책이 있으나 영적인 깊이를 통해 사람의 영혼을 깨워주며 선명한 비전을 주는 책이 많지 않은데, 인간 내면의 문제들을 조용히 지적하며 해결하는 답을 가슴에 담아주는 '기도망대'가 모든 사람의 손에 들려져 치유와 회복이 이루어지고 생명을 전달하는 영적인 보물이 되기를 기도합니다.

# 오직 예수의 증인

이장희 목사

복음 안에서 사랑하고 존경하는 정동훈목사님의 인생작품이요 목회작품, 말씀묵상과 기도24의 여정인 〈기도망대〉의 출간을 진심으로 축하합니다. 그리스도의 몸된 교회를 섬기며, 오직 예수의 증인으로 목회의 길을 걸어온 발자취가 고스란히 담긴 메시지와 진실된 기도는 동일한 길을 가는 제게 큰 감동으로 다가왔습니다. 사실 정목사님과는 대학사역자, 찬양문화사역자, 작사 작곡자로 인연이 남다릅니다. 그래서 성경적인 전도운동의 언약을 가진 목회자요 동역자로 교회를 통해 하나님 나라를 이루는 전도운동에 함께 인도 받고 있음이 늘 감사하고 든든합니다.

훌륭한 어머니는 자녀들이 하루를 힘차게 시작하도록 새벽부터 밥을 짓는 수고를 마다하지 않습니다. 목회자도 마찬가지입니다. 정목사님은 하나님이 맡기신 강단을 통해 창대교회 성도들을 위한 만찬을 늘 정성껏 준비하셨습니다. 성도들의 녹록치 않는 현장을 누구보다 잘 알기에 한 주간 붙잡을 메시지를 기도하며 준비하고, 잘 소화해서 응답 받을 수 있도록 기도문까지 세밀히 만들어 정성스런 한상차림으로 10년을 한결같이 섬겨오셨습니다.

그래서 이 책은 하나님을 향한 목사님의 중심과 성도들을 향한 사랑이 담긴 유일성의 작품이며, 재창조의 응답이라 생각합니다. 언약의 여정을 걸어가는 모든 이에게, 특별히 복음을 사랑하고 하나님 나라를 소망하는 전도제자들에게, 말씀묵상과 기도24를 안내하는 망대의 역할을 톡톡히 하리라 기대합니다.

## 후대를 마음에 담은 진정한 전도자　　　　이재남 목사

　30년이 넘게 전도 운동을 함께 해오던 중에 하나님께서 많은 복된 만남을 허락하셨습니다. 그 중에 정동훈 목사님과의 만남은 가히 제 인생에 있어 손꼽을 수 있을 만한 중요한 만남이라고 할 수 있습니다.

　오랜 동안 가까이서 지켜본 정동훈 목사님은 정말로 복음을 사랑하고, 영혼 구원과 후대를 마음을 담은 이 시대의 진정한 전도자이며, 목회자이십니다. 그 마음에 사사로움이 없으며 순수하게 하나님을 사랑하는 마음으로 목회하시는 분입니다. 이러한 부분은 정목사님의 고백에서 나온 많은 찬양의 가사로 우리는 확인할 수 있습니다. 또한 정목사님께서 개인적으로 매일 말씀을 묵상하시는 중에 보내주시는 메시지는 세세도 큰힘이 됩니다.

　시대의 흐름을 따라 세 가지 뜰(기도의 뜰, 아이들의 뜰, 이방인의 뜰)과 237 치유와 서밋의 주제로 편찬된 '기도망대'는 단순한 지식에서 나온 글이 아니며 정동훈 목사 본인이 말씀 묵상과 24 기도의 여정 속에서 편찬된 증인의 문서입니다. 우리가 신앙생활을 함에 있어 하나님의 인도, 즉 성령의 인도를 받는 것이 너무나 중요한 일인데 많은 신앙인들이 이 부분에 어려움을 겪고 있습니다. '기도망대'는 우리가 말씀의 인도를 어떻게 받으며, 어떻게 말씀을 붙잡고 기도하며, 이 시대의 흐름을 어떻게 함께 타고 갈 수 있을지 보여주는 중요한 작품이 될 것입니다. 이 작품을 통하여 많은 분들이 더욱 풍성한 신앙생활의 응답을 누리시길 기도합니다.

## 하나님의 기다림 앞으로…

김동진 목사

영적 공허함, 전쟁, 마약에 잡혀 있는 시대입니다. 근본을 잃어버린 채 자신이 원하는 곳으로 가나 길을 찾지 못하고 있습니다. 인생이 가야할 근본의 길이 무엇인지 다시 한 번 생각하게 하는 시대입니다.

이러한 시기에 정동훈 목사님의 『기도망대』가 출간되어 너무 기쁩니다. 지난 번 출간한 『혼자 하나가 아닌 우리가 하나 되는 비밀』에서도 많은 영감을 받았습니다. 이번 책은 개인의 영감을 넘어 교회와 목회자, 성도들을 치유하는 책으로 출간되어 하나님께 더 감사를 드립니다.

정목사님은 저와 대학사역자로 만나 약 20년 동안 교회사역, 동문 사역을 함께 해오면서 깊은 교제를 해왔습니다. 그동안 목사님을 지켜보면서 순수하고, 영성이 깊고, 세심하고 여린 분이며 복음을 참 사랑하는 분이라는 것을 느꼈습니다. 그리고 많은 사람을 살리는 큰 일꾼임을 보았습니다.

이 책에는 세 가지 틀을 세워 시대를 치유하는 전도 운동에 대한 목사님의 마음이 고스란히 녹아 들어가 있습니다. 하나님의 은혜로 편집된 이 책은 많은 목회자들과 성도들에게 영적 도전과 영향력을 주는 좋은 책이 될 것이라 생각합니다.

## 1. 기도의 뜰

그대로
이루실
# 하나님께
기도합니다

# 인간은 어떤 존재인가?

## 창세기 1:1-31

하나님이 이르시되 우리의 형상을 따라 우리의 모양대로 우리가 사람을 만들고 그들로 바다의 물고기와 하늘의 새와 가축과 온 땅과 땅에 기는 모든 것을 다스리게 하자 하시고 하나님이 자기 형상 곧 하나님의 형상대로 사람을 창조하시되 남자와 여자를 창조하시고 (창1:25~27).

서론. 사람은 하나님을 모르면 절대로 나를 찾을 수 없습니다.

본론. 인간은 어떤 존재인가?(창1:26-28)
1. 하나님의 형상대로 창조된 인간
  1) 영적인 존재(요4:24, 창1:27, 2:7)
  2) 육체를 가진 존재(창2:7, 고전15:39, 고후4:7)
  3) 남자와 여자로 창조된 인간(창2:18-25)

2. 사람의 존재 이유와 삶의 방법
  1) 생육, 번성, 충만, 정복, 다스림(창1:28, 사43:7, 21)
  2) 하나님과 함께하는 것이 생명이 되는 존재입니다(창2:7)
  3) 생명의 법이 되는 말씀 안에서 살아야 합니다(창2:17)

결론. 사람다움(창1:31)
  1) 인간의 제1되는 목적은 영원토록 하나님을 즐거워 하고 영광 돌리는 것
  2) 말씀을 바로 받는 일에 도전하라—예배 중심으로
  3) 하나님께서 원하시는 나(복음), 나의 것(교회), 나의 현장(지역, 업)을 누려라.

오직 예수 그리스도 안에서 성령의 역사를 따라
온 우주 만물을 창조하신
하나님을 알고 사람을 알도록 은혜를 주신 하나님께 감사드립니다.

땅의 흙으로 사람을 지으시고, 그 코에 생기를 불어 넣어
생령이 되게 하사 영이신 하나님을 영과 진리로 예배하고
오직 하나님과 함께 함으로 참된 생명을 얻고 영혼의 안식과 위로와
힘과 평안을 누리게 하신 하나님을 찬양합니다.

먼저 남자를 창조하시고 그를 돕는 배필로 여자를 창조하사 둘이 한
몸 한 가정을 이루게 하신 하나님 말씀 안에서 생육하고 번성하고,
충만하여 온 땅을 정복하고 다스림으로
하나님께 모든 영광과 찬송을 돌리게 하셨음을 믿습니다.

언제나 하나님의 존재 하심을 알도록 선악을 알게 하는
나무의 실과를 두시고 지키게 하사 언제나 그를 높이고 그의 말씀 앞
에 순종함으로 영원한 생명을 누리며
하나님의 뜻을 이루는 자리로 나아가게 하셨음을 봅니다.

첫 사람의 범죄함으로 태어나는 순간부터 허물과 죄로 죽은
영적상태로 세상의 풍속을 따라 공중의 권세 잡은 자에게
붙잡혀 나, 육신, 성공 중심의 삶으로 각인, 뿌리, 체질이 되어
아무런 소망이 없던 나를 은혜로 구원하신 하나님.

오직 그리스도 안에서 말씀을 가까이 하며 살아가는 것이
참 행복이요 하나님의 말씀을 듣는 것이 참된 평안과
안전한 삶을 누리는 비밀이며, 생명의 말씀을 사랑함과
즐거워함으로 읽고, 듣고, 지키는 삶 속에
참된 형통과 소망의 길이 있음을 봅니다.

영원토록 살아계신 하나님만을 즐거워 하며
하나님께 영광을 돌리는 예배자로 날마다
하나님의 말씀 앞에서는 예배자의 시간을 사모함으로 준비하며
그 앞에 나아가기를 원합니다.

하나님을 모르고 실종된 나
세상과 악령의 문화에 사로잡힌 나
혼란과 방황 속에서 소망이 없는 나를 가지고,
몸부림치는 사람들을 참으로 돕고 살릴 수 있는 전도복지,
NGO, 미자립, 문화, 다민족, 탈북자, 힐링캠프의 주역으로
서기를 원합니다.

사람의 사람됨을 깨닫게 하신 예수 그리스도 이름으로
기도드립니다. 아멘.

# 죄를 끊어버린 예배자(십자가)
## 창세기 4:16-26

가인이 여호와 앞을 떠나서 에덴 동쪽 놋 땅에 거주하더니 아내와 동침하매 그가
임신하여 에녹을 낳은지라 가인이 성을 쌓고 그의 아들의 이름으로 성을 이름하
여 에녹이라 하니라 에녹이 이랏을 낳고 이랏은 므후야엘을 낳고 므후야엘은 므
드사엘을 낳고 므드사엘은 라멕을 낳았더라 라멕이 두 아내를 맞이하였으니 하나
의 이름은 아다요 하나의 이름은 씰라였더라(창4:16~19).


1. 죄에 대한 지식과 인식(롬14:23)
    1) 죄의 조성자-사탄, 마귀(요일3:8)
    2) 죄의 시작과 통로-나, 원죄(창3:2-6)
    3) 죄의 성질(사59:1-2, 롬2:5, 딤후3:2, 창3:5, 롬8:7)
    4) 죄의 결과(창3:7-19)
    5) 죄의 해결과 해결책(창3:15, 3:20-24, 계2:7)


2. 죄의 전가와 발전-불경건, 불의, 우상숭배(롬1:18-32)
    1) 아담의 원죄로 인한 죄책과 죄의 오염(롬5:16-17, 민14:18)
    2) 죄의 유전과 통로-나 중심
        (창4:1-24, 시69:30-31, 호6:6, 사1:11-18, 렘2:11, 19)
    3) 가인의 후손을 통해 발전되는 죄의 문화(창4:20-22, 롬1:21)


3. 죄를 끊어버린 예배자-아벨, 셋과 에노스(창4:25-26)
    1) 참된 영적 예배 문화의 창시자(창4:25-26, 롬12:1-2)
    2) 그리스도의 피로 세우신 교회를 사랑하는 삶(사53:4-5, 요19:30)
    3) 언약의 계보를 이어가는 예배자의 가문(수24:15, 행16:15, 행2:1).

죄를 조성한 사탄 마귀와 죄의 통로요 죄의 도구로 쓰임 받은
나 중심의 사람을 통해 전쟁과 죽음이 끊이지 않는 세상에 끝없는
사랑과 생명과 구원의 역사를 만드는 언약을 주신
하나님을 찬양합니다.

아담의 원죄로 인해 전 인류에게 전가된 죄책과
죄의 오염으로 끝없는 분쟁과 다툼과 살인을 만드는 나 중심의 불경건,
불의, 우상숭배의 삶과 신앙을 돌이켜 십자가 앞에 섭니다.

참된 구원의 감사와 믿음이 없고,
하나님을 두려워함이 없는 형식적이고,
습관적인 예배와 지속적인 불평과 불만과
갈등상태에서 나오는 시기와 분쟁을 일으키는
가인의 길을 끊는 감사와 기쁨의 예배 순수한 복음으로 충분하며,

영혼을 사랑하는 마음과 그 밖에는
어떤 허물도 보이지 않는 아들을 내어주신
하나님의 사랑과 십자가의 고난으로
모든 사랑을 완성하신 예수로 충분한 예배자 되길 원합니다.

아벨의 신앙과 그 믿음의 계보를 따라 낳은 셋의 믿음과
참된 예배의 길을 따라
완성된 그리스도의 복음과 그의 피로 세우신 교회를 통해
참된 예배의 문화를 회복하는 나와 우리 가문이 되게 하옵소서.

가인의 후손과 세상의 문화가 가져올 재앙과
하나님의 진노를 막는 길이 언약을 가진
셋의 후손과 참된 예배의 문화였음을 보여주신
하나님 반드시 올 재앙시대를 막고,

237의 빈 곳을 치유하는
오직, 유일성, 재창조의 예배 문화를 회복하는
교회를 세우는 일에 나와 내 업과
우리 가정과 후대를 사용하시옵소서.

십자가로 참된 예배의 길을 여신
예수 그리스도이름으로 기도드립니다. 아멘.

2021. 3. 28 주일 말씀 기도문

# 언약의 대를 잇는 237교회 운동(영적전쟁)
## 창세기 11:10-32

나홀은 이십구 세에 데라를 낳았고 데라를 낳은 후에 백십구 년을 지내며 자녀를 낳
았으며 데라는 칠십 세에 아브람과 나홀과 하란을 낳았더라 데라의 족보는 이러하
니라 데라는 아브람과 나홀과 하란을 낳고 하란은 롯을 낳았으며 하란은 그 아비 데
라보다 먼저 고향 갈대아인의 우르에서 죽었더라(창11:24~28).


1. 반복되는 사건과 시대문제(사1:1-3)
    1) 창3장 에덴 동산의 원죄(창3:1-6, 호6:7)
    2) 창6장 네피림과 홍수심판(창6:1-7, 벧후2:5, 3:3-7)
    3) 창11장 바벨탑괴 혼란시대(창11:1-6, 롬1:21-23, 24-25)


2. 언약신앙과 언약전달의 중요성(신6:4-9)
    1) 아담의 언약전달-930세(창5:1-24)
    2) 므두셀라의 언약전달-969세(창5:25-32)
    3) 노아의 언약전달-950세(창11:10-26)


3. 언약의 대를 잇는 영적전쟁-237교회운동(딤후2:1-9)
    1) 영적 유목민-참 언약 전달 안됨(벧후2:9-14, 유1:10-11)
    2) 말세는 지금입니다(딤후3:2-4, 마22:37-40, 벧후3:8-13)
    3) 언약의 대를 잇는 마지막 기회(대상10:13-14, 행2:42, 롬15:4-6).

언약의 대를 잇는 237운동의 흐름속에 불러주신
하나님 감사드립니다.
세우신 교회와 예배 속에서 참된 신앙의 경고와 경계를 듣고
올바른 영적 삶의 원리를 따라 살아가게 하심을 찬양합니다.

반복되는 역사의 흐름 속에서
어느 때보다 더 창3장의 에덴동산의 타락 사건과
나 중심, 창6장의 육신 중심의 네피림과 홍수심판,
창11장의 바벨탑의 혼란시대와 성공 중심이 가장 강하게
역사하는 시대임을 봅니다.

하지만, 시대마다 언약을 이어갈 남은 자들을 부르시고,
그리스도께서 오시기까지 창3:15의 언약의 바통을 이어갈 한 사람
한 민족을 세우신 하나님의 섭리를 찬양합니다.

이제 그 어느 때보다 더 정확하고 순수한 복음이 선포되고
사탄의 12가지 문화를 치유할 세계 복음화의 언약을 붙잡은
남은자들과 언약백성이 일어나는
237교회운동의 시대를 여신 하나님께 감사합니다.

구원 받고도 나, 육신, 성공을 좇아 방황하며 세속화 되어가는
세계교회의 현실을 보며 지금이 말세요,
주님 다시 오실 날이 가까움을 깨닫고 오직의 복음과
언약의 대를 잇는 자리에 서게 하심을 감사합니다.

하나님께서 내게 원하시는 최적을 찾고 최선,
최고를 도전하며, 완전(복음, 교회, 전도) 중심의 삶 속에서
말씀, 기도, 사명을 정리하고 포럼하며,
롬16장의 제자, 기업, 학교 실현의 증인으로
교회와 후대 앞에 남길 원합니다.

오늘이 내게 주어진 마지막 날임을 깨닫고,
언약의 대를 잇는 237교회운동을 위해 모든 것을 드리기 원합니다.

언약의 주인되신 예수 그리스도 이름으로 기도드립니다. 아멘.

# 나의 방패 나의 지극히 큰 상급
## 창세기 15:1-21

이 후에 여호와의 말씀이 환상 중에 아브람에게 임하여 이르시되 아브람아 두려워하지 말라 나는 네 방패요 너의 지극히 큰 상급이니라 아브람이 이르되 주 여호와여 무엇을 내게 주시려 하나이까 나는 자식이 없사오니 나의 상속자는 이 다메섹 사람 엘리에셀이니이다(창15:1~2).

1.항상 기억 할 구원의 복음과 언약의 흐름(히11:1-12)
   1) 여호와 하나님이 시작하신 언약의 흐름
   2) 그리스도로 이어지는 아브라함의 계보(마1:1-16, 창15:13-16)
   3) 세계복음화로 이어지는 전도자의 길(마16:13-20, 마24:14,)

2.아브람과 언약을 맺으신 하나님(창15:1-21)
   1) 승리이후 찾아오는 두려움(창15:1)
   2) 언약을 믿는 아브람(창15:1-5, 갈3:16, 요8:56)
   3) 하나님의 언약(횃불)과 예언(창15:12-21, 시105:5-23, 느9:19-26)

3.언약의 하나님을 누리는 비밀(살전1:6, 2:13, 3:12, 4:6, 5:16-22)
   1) 완벽한 계획을 가지신 하나님(창15:1-6, 12-16, 롬4:2-3)
   2) 완벽한 말씀을 정확하게 붙잡아라
      (갈2:20, 롬16:1-4, 마28:18-20)
   3) 하나님의 약속을 믿는 자의 삶(고후6:14-7:1).

창2:17의 언약 속에서 모든 창조 세계를 다스리고,
정복하는 복을 주시고,
이 언약을 놓친 타락한 사람을 위해 창3:15의 언약을 주사
참된 구원의 길을 여신 하나님을 찬양합니다.

그 언약의 완성자로 오신 그리스도 안에서 교회를 세우시고,
237-5천 종족 복음화의 말씀이 선포되는
오늘에 이르기까지 모든 언약의 흐름을 이끄신 주님,
이 흐름속에 나를 불러주셔서 감사합니다.

천년의 언약 속에서 아브라함을 부르시고,
그의 삶과 인생을 통해 하나님의 말씀을
믿음으로 말미암는 구원의 축복을 보여주신 하나님,

중요한 전쟁과 승리 이후에 찾아 온 두려움으로
낙심에 빠진 아브람을 찾아 오사 축복하시고,
그를 향한 언약을 확증하시고 한 후손,
예수 그리스도를 보도록 인도하심을 봅니다.

또한 모든 언약을 하나님께서 친히 이루실 것임을 보여주시고,
아브람의 인생과 후손과 기업에 대한 분명한 예언의 말씀을 주사
그대로 이루신 하나님을 찬양합니다.

오늘도 구원 받은 나의 방패가 되시고,
지극히 큰 상급이 되시는 하나님,

나와 교회와 가정과 우리 후대와 이 민족과 시대를 향한
완벽한 계획을 가지고 계심을 믿습니다.

그 완벽한 계획을 오늘도 세우신 교회와 강단을 통해
말씀으로 나타내심을 믿고,
그 말씀 앞에 내 생각을 맞추고 날마다 기도와 미션을 정리하며
237-5천종족 복음화를 향해 한걸음씩 나가길 원합니다.

나의 방패요 상급이신 예수 그리스도 이름으로 기도드립니다.
아멘.

# 최고의 유산
## 창세기 26:1-5

아브라함 때에 첫 흉년이 들었더니 그 땅에 또 흉년이 들매 이삭이 그랄로 가서 블레셋 왕 아비멜렉에게 이르렀더니 여호와께서 이삭에게 나타나 이르시되 애굽으로 내려가지 말고 내가 네게 지시하는 땅에 거주하라 이 땅에 거류하면 내가 너와 함께 있어 네게 복을 주고 내가 이 모든 땅을 너와 네 자손에게 주리라 내가 네 아버지 아브라함에게 맹세한 것을 이루어 04 네 자손을 하늘의 별과 같이 번성하게 하며 이 모든 땅을 네 자손에게 주리니 네 자손으로 말미암아 천하 만민이 복을 받으리라(창26:1~4).

1. 교회와 함께 하는 전도자의 삶(약1:25, 롬2:5-8)
    1) 말씀에 순종하는 삶(창12:1-4, 22:1-18, 26:6)
    2) 믿음의 단을 쌓는 삶(창12:8, 13:18, 26:25)
    3) 여호와의 이름을 증거하는 삶(창23:6, 26:28)

2. 237교회 운동의 그림과 실현(마28:18-20)
    1) 하나님의 절대계획-삶의 우선순위
    2) 하나님의 절대언약-교회의 방향
    3) 하나님의 절대여정-인생 상황판
    4) 하나님의 절대목표-5가지 시간표
    5) 하나님의 절대능력-5가지 힘

3. 창대교회-24 OURS(롬16:25-27)
    1) 3제자 포럼팀-3셋팅(행1:1,3,8, 2:42)
    2) 3기업 기도팀-3초월(행1:14, 2:9-11)
    3) 3학교 전도팀-3전무후무(행1:8, 3:1-6).

참 복음의 언약을 따라 믿음의 세대를 일으키신
하나님께 감사드립니다.

그리스도의 터 위에 세우신 교회와 함께 말씀에 순종하는 삶 언약의
말씀이 떨어지는 곳마다 기도의 단을 쌓고,
여호와의 이름을 나타내는 전도자의 삶을
가는 곳마다 살아가게 하시는
하나님을 찬양합니다.

아브라함의 신앙과 삶을 배운 이삭이 말씀 앞에 순종하며
단을 쌓고 여호와 하나님을 나타낸 것처럼,
날마다 무릎으로 나아가는 부모와 선조의 기도 속에서
237을 정복 할 후대가 일어날 것을 믿습니다.

메시아 오실 그 땅에 머물라는 하나님의 말씀에 순종한 이삭처럼,
그리스도의 터 위에 세우신 교회와
강단의 말씀을 중심으로
하나님과 교제하며 하나님의 음성 듣는 기도의 비밀을 가진
후대를 세워가길 원합니다.

교회를 중심으로 모든 삶의 우선순위를 누리고,
교회에 주신 하나님의 절대언약 안에서 절대여정을 걸으며
준비된 전도자의 시간표 속에서
날마다 5력으로 채우시는 하나님을 만나게 하옵소서.

날마다 말씀의 교제와 기도와 전도운동의 포럼이 끊이지 않으며
흔들리지 않는 견고한 믿음의 중심을 품은
제자를 중심으로 사회, 문화, 시대를 움직이는
3기업이 움직여지는 교회, 237-5천 종족을 담고, 병든 자를 치유하고,

후대와 인재를 세우는 창대교회를 내 인생의 최고 작품으로 세우고,
창대교회를 우리 후대에게 최고의 유산으로 남길 수 있기를
기도합니다.

내 인생 최고의 유산이신,
 예수 그리스도 이름으로 기도드립니다. 아멘.

2021. 9. 26 주일 말씀 기도문

# 여호와께서 요셉과 함께 하시므로

창세기 39:1-6

요셉이 이끌려 애굽에 내려가매 바로의 신하 친위대장 애굽 사람 보디발이 그를 그리로 데려간 이스마엘 사람의 손에서 요셉을 사니라 여호와께서 요셉과 함께 하시므로 그가 형통한 자가 되어 그의 주인 애굽 사람의 집에 있으니 그의 주인이 여호와께서 그와 함께 하심을 보며 또 여호와께서 그의 범사에 형통하게 하심을 보았더라(창39:1~3).


1. 언약의 흐름속에 있는 나의 오늘 24(시105:1-22)

   1) 영원한 언약의 내용과 나의 결론(창3:15, 갈2:20)

   2) 시대적 언약의 방향과 나의 목표(창12:1-3, 행20:24)

   3) 오늘의 언약과 나의 선택 작품(마16:16-20, 살전5:16-22)


2. 절대 언약의 여정속에 있는 요셉(창39:1-6)

   1) 여호와께서 요셉과 함께 하시므로(1-3)

   2) 여호와께서 복을 내리시므로(4-5)

   3) 노예 중에 최고의 노예가 된 요셉(6)


3. 마지막까지 흔들리지 않는 신앙생활(사26:1-7)

   1) 세가지 흐름-말씀, 응답, 전도의 흐름(행2:14-42)

   2) 5가지 언약의 꿈을 확정하라(빌3:7-21)

   3) 항상 실천하고, 포럼하고, 함께하는 교회(행2:42-47).

영원한 언약이신 그리스도 안에서 세계복음화의
시대적 언약을 이루는 전도운동의 흐름 속에 있는 교회로
나를 불러주신 하나님께 감사합니다.

나에게 주신 오늘의 언약, 교회와 강단의 말씀 흐름을 따라
오늘도 성경의 증인들과 함께 하셨던, 성삼위 하나님의 역사를 보며
언제나 가장 좋은 것으로 허락하신 오늘을 감사로 누립니다.

언약 백성이 세속화 되는 것과 교회가 사명을 잃고,
다른 길에 서는 것을 원치 않으시는 하나님께서는 유다보다 앞서서
요셉을 보내신 것처럼 몸된 교회를 새로운 도전과
갱신의 시간 속으로 인도하심을 믿습니다.

하나님이 주신 절대 언약의 꿈을 품은 요셉을 절대불가능의
현실속에 두시고 그를 형통케 하사 그를 통해
모든 사람에게 여호와 하나님의 살아계심을 나타내셨음을 봅니다.

어디를 가든지 무엇을 하든지 그곳에 가장 필요하고,
절대로 필요한 사람으로
모든 것, 모든 사람을 살리는 전도자로 요셉을 사용하신 것처럼,

우리가 하는 모든 일이 교회를 바로 세우는 70인 제자 운동으로
이어져 이 지역과 호남을 살릴 70지교회
100망대 운동과 참 복음의 정체성을 이어 갈
다음세대를 바로 세우는 헌신이 되게 하옵소서.

언제나 강단의 말씀과 교회의 기도와
현장의 전도 흐름에 함께하는 지혜를 얻고 교회를 통해 주신
언약의 꿈을 나의 미션으로 확정하고,
매일 실천하고 포럼하면서 견고한 믿음의 사람으로
세워져 가길 원합니다.

예배와 말씀을 사모하고, 기도하기를 힘쓰며,
전도와 선교를 위해 나를 드릴 줄 아는 참 신앙인들이 가득한
건강한 교회를 세워가도록
나와 함께 하시는 예수 그리스도 이름으로 기도드립니다. 아멘.

2022. 2. 27 주일 말씀 기도문

# 코람데오(최고 노예·최고 죄수)
## 창세기 39:7-23

그 후에 그의 주인의 아내가 요셉에게 눈짓하다가 동침하기를 청하니 요셉이 거절하며 자기 주인의 아내에게 이르되 내 주인이 집안의 모든 소유를 간섭하지 아니하고 다 내 손에 위탁하였으니 이 집에는 나보다 큰 이가 없으며 주인이 아무것도 내게 금하지 아니하였어도 금한 것은 당신뿐이니 당신은 그의 아내임이라 그런즉 내가 어찌 이 큰 악을 행하여 하나님께 죄를 지으리이까(창39:7~9).


1. 코람데오(Coram Deo) – WITH Camp (삼하12:1-13)
   1) 걱정하는 사람, 기도하는 사람(빌4:6-7)
   2) 문제를 보는 사람, 답을 보는 사람(민13:25-33)
   3) 사람을 믿는 사람, 하나님을 믿는 사람(사26:1-7)


2. 내가 어찌 하나님께 죄를 지으리이까(창39:7-34)
   1) 최고 노예, 최고 죄수 요셉(창39:5-6, 22-23)
   2) 하나님의 인자와 은혜를 베푸시는 하나님(창39:21)
   3) 요셉이 가진 것-기도의 비밀(창37:1-11, 45:5-8)


3. 모든 곳을 살리는 절대 언약의 사람(시105:17-22)
   1) 나를 살리는 코람데오-100년 응답(행1:1, 14, 갈2:20, 고전15:31)
   2) 교회를 살리는 코람데오-천년응답(행1:3, 2:42-47, 12:5)
   3) 모든 것을 살리는 코람데오-영원응답(행1:8, 19:21, 20:24).

모든 곳을 다스리시고, 모든 것의 주인되신 하나님 앞에서
살아갈 수 있는 은혜를 주신 하나님께 감사합니다.

하나님 앞에서 나의 신앙을 점검하며
문제와 위기 앞에서 걱정부터 하는 사람인가, 기도하는 사람인가,
문제를 보는 사람인가, 답을 보는 사람인가, 사람을 믿는 삶인가,
하나님을 신뢰하는 삶인가 돌아봅니다.

어떤 순간에도 기도의 비밀을 가지고 말씀 안에서 답을 찾고,
내게 주어진 모든것 모든 사람을 허락하신 하나님을 신뢰함으로
모든 것이 견고하게 세워져 가게 하심을 누리는
위드(With)캠프를 실천합니다.

인생의 최대 절망과 외로움 속에서
하나님의 인자하심을 힘입고, 비참한 삶에 빠지지 않는
노예중에 최고 노예, 억울한 누명 앞에서 핑계와 변명치 않는
죄수 중에 최고 죄수가 되어
하나님께 영광 돌린 요셉을 배웁니다.

하나님을 두려워 하는 코람데오의 신앙으로
육신의 정욕에 잡히지 않고 하나님 앞에 범죄 하지 않으며
하나님만을 신뢰하고 기다리는 기도의 비밀 속에서
모든 저주를 축복으로 바꾸는 삶 또한 배웁니다.

잠시의 육신적 만족과 성공을 꿈꾸는
세상중심의 옛 틀과 창3장의 나는 완전히 깨지고,
오직 그리스도만 남는 삶이 되길 원합니다.

언제나 교회를 살리는 선택과 모든 것 속에 있는
하나님의 계획을 찾고 모든 것을 살리는 선택하는 자리에 100년
1000년 영원의 응답이 있음을 봅니다.

나를 하나님 앞에서 살게 하시는
예수 그리스도 이름으로 기도드립니다. 아멘.

2022. 3. 06 주일 말씀 기도문

# 요셉과 형들의 만남(요셉의 임마누엘 캠프)
## 창세기 42:1-38

그 때에 야곱이 애굽에 곡식이 있음을 보고 아들들에게 이르되 너희는 어찌하여 서로 바라보고만 있느냐 야곱이 또 이르되 내가 들은즉 저 애굽에 곡식이 있다 하니 너희는 그리로 가서 거기서 우리를 위하여 사오라 그러면 우리가 살고 죽지 아니하리라 하매 요셉의 형 열 사람이 애굽에서 곡식을 사려고 내려갔으나 야곱이 요셉의 아우 베냐민은 그의 형들과 함께 보내지 아니하였으니 이는 그의 생각에 재난이 그에게 미칠까 두려워 함이었더라(창42:1~4).

1. 유일성을 찾는 임마누엘 캠프(행2:42-47)
   1) With camp(복음24)-나의 오직, 보좌의 능력, 나의 보좌화
      (행1:1, 3, 8, 14)
   2) 임마누엘 camp(교회24)-유일성, 보좌의 달란트,
      교회의 보좌화(행2:1-4)
   3) 실천과 포럼 - 주일학교, 평일학교, 토요학교(행2:42-47)

2. 요셉과 형들의 만남-요셉의 임마누엘 캠프(창42:1-38)
   1) 전 세계의 기근과 하나님의 섭리(1-5)
   2) 형들을 살리는 요셉의 임마누엘 캠프(6-25)
   3) 아들들을 믿지 못하는 야곱의 절망(26-38)

3. 교회를 치유하는 임마누엘 캠프의 주역(롬11:3-5)
   1) 시대의 재앙과 재앙에 갇힌 교회(왕상16:29-34)
   2) 시대적 재앙과 237교회 운동의 기회(왕상18:16-40)
   3) 3080세대를 준비하는 교회(왕상18:1-4, 19:19-21, 왕하2:1-11).

모든 문제와 위기와 상처와 과거를 걸림돌이 아닌, 발판으로 놓는
인생캠프의 비밀을 주신 하나님께 감사드립니다.

외로움과 불안 불평 불만족 속에서 살던 내게 오직 예수 그리스도의
복음을 깨닫게 하시고, 말씀과 기도 속에서
항상 나와 함께 하시고, 새롭게 하시는 하나님을 누리는
With camp로 인도 하심에 감사합니다.

복음 안에서 복음을 위한 삶 교회와 함께 교회를 살리는 삶이
모든 삶의 위기와 문제 앞에서 얼마나 나를 담대하고,
지혜롭고 겸손하게 하는지 요셉의 여정을 보며,
나의 하나님을 누리는 비밀을 배웁니다.

하나님을 떠난 우상숭배의 결과와 하나님의 절대적인 주권 속에서
일어나는 시대적 재앙과 위기 앞에서 언제나 언약을 바로 붙잡은
남은자를 통해 시대적 축복의 길을 여시는 하나님.

언약의 꿈을 품은 요셉을 앞서 보내시고 하나님 나라의 일을
심부름 해나갈 언약백성의 조상들을 치유하고 회개케 하시는
요셉의 임마누엘 캠프를 함께 누립니다.

모든 것이 넘쳐 나지만 그 모든 것에 빠져서 참된 것을
분별하지 못하는 재앙시대와 재앙에 빠진 교회의 현실을 보며,
237-5천에 하나님의 영광을 나타낼
시대적 기회를 함께 보게 하심을 찬양합니다.

지나 온 30년의 응답을 발판으로 놓아 3080의 50년을 이끌
다음 세대를 일으킬 도단성을 준비하는
WIO캠프의 오늘이 되게 하옵소서.

우리와 임마누엘 하시는
예수 그리스도 이름으로 기도드립니다. 아멘.

# 맹세하신 땅에 이르게 하시리라

창세기50:22-26

요셉이 그의 아버지의 가족과 함께 애굽에 거주하여 백십 세를 살며 에브라임의 자손 삼대를 보았으며 므낫세의 아들 마길의 아들들도 요셉의 슬하에서 양육되었더라 요셉이 그의 형제들에게 이르되 나는 죽을 것이나 하나님이 당신들을 돌보시고 당신들을 이 땅에서 인도하여 내사 아브라함과 이삭과 야곱에게 맹세하신 땅에 이르게 하시리라 하고 요셉이 또 이스라엘 자손에게 맹세시켜 이르기를 하나님이 반드시 당신들을 돌보시리니 당신들은 여기서 내 해골을 메고 올라가겠다 하라 하였더라(창50:22~25).

1. 창세기의 네 사건-창조, 타락, 홍수, 바벨탑(히11:1-7)
   1) 창조사건(사람창조)-안식과 예배(창1:1, 2:1-2)
   2) 타락사건(하나님처럼)-구원의 약속(창3:1-6, 3:15,21)
   3) 홍수사건(네피림, 심판)-방주, 노아(창6:1-8, 9-14)
   4) 바벨탑사건(자기이름)-아브라함 부르심(창11:1-9, 12:1-4)

2. 창세기의 네 인물-아브라함, 이삭, 야곱, 요셉(히11:8-22)
   1) 아브라함, 이신칭의 구원(창12:1-4, 느9:7-8)
   2) 이삭, 언약전달-하나님자녀의 축복,권세(창22:1-18)
   3) 야곱, 이신성화-전도(창28:10-22, 35:9-15, 49:1-33)
   4) 요셉, 이신영화-선교(창37:1-11, 45:1-8, 50:15-21)

3. 절대복음의 흐름을 잇는 삶(시105:1-23)
   1) 절대주권적 섭리와 통치를 믿는 신앙(창24:7-8, 22:7-8)
   2) 신앙의 절대기준이 있어야 합니다(창12:7, 26:2-6, 47:30)
   3) 237-5천 향한 믿음의 경주자가 되라(히12:1-2,3-11,12-17).

세상 모든 만물의 주인 되신 창조주 하나님
창세기를 통해 세상의 근본을 알고,
특별히 네 사건과 네 인물을 통해 사람과 세상을 보는 참되고
영원한 지식을 깨닫게 하심에 감사합니다.

하나님께서 창조하신 원래의 선하고 아름다운 세상과
말씀 안에서 예배자로 온 땅에 충만, 정복, 다스리는 사람의
근본을 알고 하나님을 반역하고 타락한 첫 사람의 범죄와
비참함을 위해 구원의 약속을 주신 하나님을 알고,

타락한 인간의 본성과 육신의 소욕을 따라
하나님과 원수 되어 하나님의 진노와 홍수심판을 당한
네피림의 문화와
구원의 방주의 언약을 알고 반복되는 죄의 흐름을 따라
하나님을 대적하는 바벨탑 문화가 일어나고, 소망 없는 그곳에서
한 사람 아브라함을 불러내신 하나님을 봅니다.

아브라함 안에서 영원한 약속을 보이시고,
말씀을 따르는 그의 믿음을 의로 여기사 구원하시고,
약속의 아들 이삭과 함께 세상을 구원할 메시아의 언약을 선명하게
보여주심을 찬양합니다.

이삭 안에서 하나님의 자녀가 누리는 신분과 권세를 보여주시고,
야곱 안에서 믿음으로 이스라엘의 12지파를 축복하는
전도의 사명을 보여주시고

요셉 안에서 모든 언약을 이룰 발판을
세우며 믿음으로 영화롭게 되는 길을 보여주심에 감사합니다.

이제 우리를 통해 하나님의 절대 주권적 섭리와
통치를 믿는 저들의 신앙을 본받아 절대언약의 흐름을 잇는
교회와 함께 237-5천 복음화를 향한 믿음의 경주를 이어가도록

오늘도 우리와 함께 하시는
예수 그리스도 이름으로 기도드립니다. 아멘.

2022. 6. 26 주일 말씀 기도문

# 나의 25시 체험(최고의 시간)
## 출애굽기 12:21-42

모세가 이스라엘 모든 장로를 불러서 그들에게 이르되 너희는 나가서 너희의 가족대로 어린 양을 택하여 유월절 양으로 잡고 우슬초 묶음을 가져다가 그릇에 담은 피에 적셔서 그 피를 문 인방과 좌우 설주에 뿌리고 아침까지 한 사람도 자기 집 문 밖에 나가지 말라(출12:21~22).


서론. 나의 직분에 맞는 24시 행복
  1) 교회의 방향과 나의 24시
  2) 전도운동과 나의 24시
  3)그릇된 24시에 갇혀 살지마라(눅11:53-54, 행7:57)

본론. 하나님의 시간 속에 있는 나의 오늘
1. 하나님의 시간 속으로 들어가는 참된 기도(창22:1-13)
    1) 기도의 제목이 만들어진다(당연)
    2) 되어지는 것이 나온다(필연)
    3) 정확한 문을 열어주심(절대)

2 하나님의 시간 속에 있는 나의 오늘(창26:12, 창39:2-6)
    1) 25시 속에 있는 렘넌트(출2:1-10, 3:18)
    2) 25시 속에 있는 목회자(출4:24-26)
    3) 25시 속에 있는 성도와 중직자(출4:27-31)

결론. 25시의 날-여호와의 밤(출12:21-42)
    1) 그리스도 안에 모든 것이 다 있다
    2) 한 가지 직분 속에 모든 것이 다 있다
    3) 모든 것 속에 한 가지를 심어라.

오늘도 그리스도 안에서 살아계신 하나님을 예배하며
하나님께 기도할 수 있도록 은혜를 주신 하나님께 감사드립니다.
내게 주어진 하루와 24시간을 하나님의 것으로 채우며
하나님의 것으로 만족하고, 하나님께서 원하시는 것을 위해
드릴 수 있도록 이끌어주심에 감사합니다.

늘 나 자신과 육신의 일과 세상의 성공으로
포장된 신앙생활 속에서 불평과 원망과 시비가 그치지 않던,
나의 삶이 하나님의 것을 사모하고 오직 복음을 위한 일을 위해
고민하며 교회와 전도운동을 위해
기도하는 자리에 있게 하심을 찬양합니다.

아직도 순간마다 나의 의를 주장하려하는
그릇된 24시의 집착과 사단의 올무에서 벗어나 온전히
복음운동과 교회를 위해  내 삶의 모든 방향이 집중되게 하사
모든 삶 속에서 그리스도만이 체험되게 하시옵소서.

하나님 나에게 주어진 오늘을 모든 사람들이 가는 길이 아닌,
모든 사람을 위해 하나님께서 준비해 놓으신 길로
나아 가기를 원합니다.

때로는 넘어설 수 없는 한계와 문제들이 가득한 오늘이지만,
언제나 하나님께서 원하시는 것을 보며,
하나님께 발견되는 자리에 서기를 원합니다.

그 안에서 참된 기도의 제목들을 보고 되어지는 일들을 따라
오직 복음이 필요한 현장 정확한 전도의 문을 여시는
하나님의 역사를 보게 하실 것을 믿습니다.

오늘도 주어진 모든 일과 사람과 사건들 속에서도
오직 말씀과 기도와 전도 속에서 한계가 없으신 하나님의 능력이
내 삶에 역사하심을 보며 성경의 모든 믿음의 증인들처럼
내게 주어진 길을 믿음으로 나아가길 원합니다.

복음을 가진 한 가정과 한 사람 모세를 부르시어
전 세계의 재앙과 전쟁과 우상의 문화를 꺾고,
민족을 살리는 참된 유월절의 예배를 회복케 하사
25시의 여호와의 밤을 허락하신 하나님.

오늘 오직 그리스도 안에서 나와 내가 속한 모든 현장의
저주와 재앙이 무너지는 여호와의 날을 선포합니다.
모든 것 속에 오직 그리스도만을 심기 원합니다.

한계가 없는 하나님의 시간을
내게 허락하신 예수 그리스도 이름으로 기도드립니다. 아멘.

오직 성령이 너희에게 임하시면

너희가 권능을 받고

예루살렘과 온 유대와 사마리아와

땅끝까지 이르러

내 증인이 되리라

(행1:8)

# 하나님을 경외하는 출애굽의 주역
## 출애굽기 1:8-22

요셉을 알지 못하는 새 왕이 일어나 애굽을 다스리더니 그가 그 백성에게 이르되 이 백성 이스라엘 자손이 우리보다 많고 강하도다 자 우리가 그들에게 대하여 지혜롭게 하자 두렵건대 그들이 더 많게 되면 전쟁이 일어날 때에 우리 대적과 합하여 우리와 싸우고 이 땅에서 나갈까하노라 하고 감독들을 그들 위에 세우고 그들에게 무거운 짐을 지워 괴롭게 하여 그들에게 바로를 위하여 국고성 비돔과 라암셋을 건축하게 하니라(출1:8~11).

1. 70인으로 시작된 출애굽의 역사(출1:1-7)
   1) 창3:15의 언약-복음의 내용, 흐름, 방향(창6:14, 12:1-3)
   2) 70인의 기준-충분, 완전, 모든 것(눅10:17-20)
   3) 응답 속에서 잃어버린 것, 위기 속에서 찾은 것(살전5:16-18)

2. 사람을 두려워하는 사람, 하나님을 두려워하는 사람(출1:8-22)
   1) 요셉을 알지 못하는 새 왕 노예(출1:8)
   2) 사탄의 역사와 멸망의 위기(9-14)
   3) 하나님을 경외하는 산파들의 헌신-십브라, 부아(15-22)

3. 하나님을 경외하는 출애굽의 주역과 나의 삶(출1:17-22)
   1) 오직 나, 육신, 성공의 노예된 세상(출1:8-10)
   2) 속히 빠져 나와야 하는 거짓 응답의 자리(창12:1-3)
   3) 시대적 위기와 복음위해 생명을 드리는 70인의 삶(왕상18:1-4).

오직 그리스도를 통해 이루신 참 복음의 내용과 흐름을 알고,
모든 나라와 민족에게 증거 될 세계복음화의 일을 위해
나를 70인으로 불러주신 하나님께 감사드립니다.

언제나 복음으로 충분하고 복음은 완전하고 복음이 나의
모든 것임을 고백하며, 오직 복음위해 살아가는 것이
그 어떤 것보다 기쁘고 감사한 마음과 중심이 되게 하심을 찬양합니다.

많은 성도들이 받은 응답 때문에 오히려 하나님의 은혜를 놓치고,
감사와 삶의 이유를 놓치는 것을 보며, 어떤 순간에도 하나님의
은혜와 감사를 고백하며 237-5천 향한 방향을 중심에 둡니다.

강한 권력과 힘으로 세상을 움직이고 통치하는듯해 보이지만,
더 강한 나라와 권력을 두려워하면서 다툼과 전쟁을 일으키는
세상의 통치자와 그들의 노예가 되어버린 하나님의 백성의
현실을 봅니다.

또한 애굽의 법으로 후대를 죽이라 명하는 사탄의 역사와 멸망의
위기 앞에서 사람보다 하나님을 두려워하는 산파들을 통해
이스라엘 민족을 지키시고, 출애굽의 역사를 준비하신
하나님의 섭리를 찬양합니다.

어떤 경우에도 응답, 문제, 갈등 앞에서도 받은
은혜와 감사를 잃지 않고, 언제나 237-5천 향한 방향으로
Exodus(해방 구원 승리)를 선포하며,
사람과 세상보다 하나님과 교회를 크게 보는
신앙을 훈련합니다.

연약하고 부족한 내게 작은 것 하나도 복음과 교회와 전도와 후대와
237-5천 살리는 일을 위해 선택하고, 행할 수 있는 70인 제자의
중심을 담아주신 예수 그리스도 이름으로 기도드립니다. 아멘.

2022. 7. 10 주일 말씀 기도문

# 모세를 준비 시키시는 하나님
## 출애굽기 2:1-15

레위 가족 중 한 사람이 가서 레위 여자에게 장가들어 그 여자가 임신하여 아들을 낳으니 그가 잘 생긴 것을 보고 석 달 동안 그를 숨겼으나 더 숨길 수 없게 되매 그를 위하여 갈대 상자를 가져다가 역청과 나무진을 칠하고 아기를 거기 담아 나일 강 가 갈대 사이에 두고 그의 누이가 어떻게 되는지를 알려고 멀리 섰더니 바로의 딸이 목욕하러 나일 강으로 내려오고 시녀들은 나일 강 가를 거닐 때에 그가 갈대 사이의 상자를 보고 시녀를 보내어 가져다가 열고 그 아기를 보니 아기가 우는지라 그가 그를 불쌍히 여겨 이르되 이는 히브리 사람의 아기로다(출2:1~6).

1. 참 제사장 되신 그리스도(히4:14-16)
   1) 모든 사람은 죄인입니다.(롬3:23, 창3:1-6, 롬6:23)
   2) 죄 문제를 해결할 길 없는 사람(히2:14-17)
   3) 모든 죄를 대속하신 참 제사장(출12:1-14, 히9:26-28)

2. 모세를 준비 시키시는 하나님의 섭리(출2:1-15)
   1) 레위지파의 아들 모세(1-4, 히11:23)
   2) 애굽 공주의 아들 모세(5-10, 행7:20-22)
   3) 도망자 히브리인 모세(11-15, 히11:24-26, 행7:24-29)

3. 언약의 갈대상자를 준비하라(출2:1-3)
   1) 언약의 흐름 속에 사는 나의집중(출2:1-10, 히11:23)
   2) 하나님의 절대를 누리는 후대집중(신6:4-9, 31:19-23)
   3) 시대를 살리는 70인 제자의 집중(마28:18-20).

오직 그리스도의 참 복음의 흐름을 이끌어 오신
하나님께 감사드립니다.

첫 사람의 범죄이후 태어난 모든 사람은
지옥의 심판을 벗어날 수 없는 죄인이요,
죽음으로도 해결할 수 없는 우리의 죄를 대신해
십자가의 대속 제물이 되신 참 제사장
예수 그리스도를 찬양합니다.

참 제사장 되신 그리스도를 증거 하시기 위해
레위지파를 택하시고,
그의 후손 중에서 모세를 태어나게 하사
하나님의 백성을 향한 긍휼과 사랑을 나타내신
하나님 태어나는 아들을 모두 죽이라는 바로의 녕령 앞에서도,

바로의 공주의 손에 이르기까지
하나님의 능력과 섭리를 믿고,
하나님의 손에 모세를 맡긴
요게벳과 아므람의 믿음과 기도를 배웁니다.

절대 불가능한 상황 속에서 가장 완전하고,
안전한 보호와 양육의 기회를 준비하신
하나님의 섭리 속에서
언약을 각인하고 애굽의 지식을 배우며,
이스라엘 민족을 이끌 지도자로

모세를 준비하시는 하나님,
또한 모세의 중심에 이스라엘 자손을 향한
하나님의 마음을 담아주시고, 잠시의 세상 즐거움보다
그의 백성과 함께 고난 받으며,
그리스도를 위해 받는 능욕을 더 큰 기쁨으로 여긴
모세의 마음을 내게도 주옵소서.

그 어떤 시대보다 강한 흑암문화의 나일강에
우리 후대가 휩쓸려가는 이 때에 우리의 믿음을 붙드사
후대를 위한 언약의 갈대상자를 띄우고,
시대살릴 플랫폼 파수망대 안테나를 세우게 하옵소서.

절대가능의 언약되신,
예수 그리스도 이름으로 기도드립니다. 아멘.

# 너희의 하나님 여호와인 줄 알리라

출애굽기 6:2-7

하나님이 모세에게 말씀하여 이르시되 나는 여호와이니라 내가 아브라함과 이삭과 야곱에게 전능의 하나님으로 나타났으나 나의 이름을 여호와로는 그들에게 알리지 아니하였고 가나안 땅 곧 그들이 거류하는 땅을 그들에게 주기로 그들과 언약하였더니 이제 애굽 사람이 종으로 삼은 이스라엘 자손의 신음 소리를 내가 듣고 나의 언약을 기억하노라(출6:2~5).


1. 그리스도 안에서 생명력 넘치는 삶(신32:1-7, 살전5:16-22)

   1) 나의 쉼표의-정시, 무시, 집중

   2) 나의 물음표-질문

   3) 나의 마침표-결론


2. 너희 하나님 여호와인 줄 알리라(출6:1-7:7)

   1) 나는 여호와이니라-언약의 하나님(출6:1-8)

   2) 모세의 말을 듣지 않는 이스라엘 백성(출6:9)

   3) 하나님의 전능하심을 행하시는 이유(출6:2-7, 7:3-5)


3. 여호와께서 명령하신대로 행하였더라(출7:1-7)

   1) 강단말씀전달의 주역이 되라(출7:1-2)

   2) 여호와의 군대, 여호와의 백성(출7:4)

   3) 237교회 운동의 역사에 쓰임받는 가문을 세우라(출6:14-27).

오직 그리스도 안에 있는 생명력 넘치는 삶을 살아가도록
언제나 말씀을 허락하시는 하나님께 감사드립니다.

날마다 말씀앞에 멈추는 시간을 통해 하나님께 질문하고,
답을 얻고, 감사와 감격하며, 성도의 교제를 회복하도록 이끄시는
주님을 찬양합니다.

모세와 이스라엘 민족을 통해 허락하신 말씀 속에서
지금도 언약 하신대로 구원하시고 인도하시고, 내 인생의 주인되시는
여호와 하나님을 알고, 보고 누리게 하심에 감사합니다.

또한 고된 노동과 가혹한 고역으로 인해 마음이 상하여
모세의 말을 듣지 않는 이스라엘 백성처럼,
현실의 문제가 너무 커서 말씀을 듣지 못하는
신앙의 상태에 빠지지 않도록 붙들어 주옵소서.

전능하신 하나님의 이적과 표징으로
이스라엘 민족과 바로와 애굽 사람이
여호와 하나님을 알도록 모세를 사용하신 것처럼,
내 곁의 모든 사람이 살아계신
그리스도를 알도록 나를 사용하옵소서.

여호와께서 명령 하신대로 모세와 아론이 행하므로
이 모든 역사와 증거를 이룬 것처럼 강단을 통해 허락하신
말씀을 믿음과 순종함으로 받고 정리하고,

행하는 한 사람이 되길 원합니다.

힘없고, 연약한 백성을 여호와의 군대, 여호와의 백성 삼으신 하나님
나를 통해 하나님께서 싸우시고 함께 하심을 나타내사
오직 복음과 237교회 운동을 위해 헌신하는
후대가 일어나게 하옵소서.

전능하신 여호와 예수 그리스도 이름으로 기도드립니다. 아멘.

# 내 백성과 네 백성 사이를 구별하리라
## 출애굽기 18:20-32

그들에게 율례와 법도를 가르쳐서 마땅히 갈 길과 할 일을 그들에게 보이고 너는 또 온 백성 가운데서 능력있는 사람들 곧 하나님을 두려워하며 진실하며 불의한 이익을 미워하는 자를 살펴서 백성위에 세워 천부장과 백부장과 오십부장과 십부장을 삼아 그들이 때를 따라 백성을 재판하게 하라 큰 일은 모두 네게 가져갈 것이요 작은 일은 모두 그들이 스스로 재판할 것이니 그리하면 그들이 너와 함께 담당할 것인즉 일이 네게 쉬우리라(출18:20~22).


1. 네 번째 파리재앙(출8:20-32, 시78:43-52)
    1) 내 백성과 네 백성 사이를 구별하리라(20-23)
    2) 이 땅에서 너희 하나님께 제사를 드리라(25-28)
    3) 하나님께서 명령하신대로 하려 하나이다(29-32)

2. 탈출이 목표가 아닙니다–날마다 함께 하는 것(시78:1-8)
    1) 하나님만을 향한 참 예배를 회복 하는 것(출3:12,18)
    2) 오직 여호와만이 참 하나님이심을 알게 하는 것(출6:7-8)
    3) 참 복음과 그 내용을 회복하는 것(출12:21-27, 히11:24-26)

3. Exodus camp

4. 구별된 신분과 권세를 누려라(출6:7, 레26:12, 고전3:16)
    1) 놀라운 신분, 축복, 권세를 알고 누려야 합니다.
       (출3:7-10, 8:28)
    2) 재앙에 백배가 몰려와도 안전합니다.
    3) 세상과 타협말고, 성도의 정체성을 누려라(출8:27).

오늘도 그리스도 안에서 드리는 우리의 예배와 찬송과
기도를 받으시는 하나님 허락하신 말씀을 붙잡고,
기도의 단을 쌓으며, 세상을 넉넉히 이기며
살아가는 전도자의 삶으로 날마다
나를 이끄시옵소서.

언약의 흐름속에 있는 자기 백성을 구원하시기 위한
네 번째 파리재앙을 통해 하나님의 백성과
바로의 백성의 사이를 구별하사
하나님의 백성과 바로앞에 여호와 하나님을
나타내심을 찬양합니다.

그러나 완악함으로 깨닫지 못하고 이스라엘 백성을 끝까지 놓치
않으려 하는 바로의 모습이 우리를 속이는 세상과
같음을 깨닫습니다.

오늘도 말씀을 통해 애굽에서 탈출하는 것이 목표가 아닌,
노예된 상태에서 벗어나지 못하면
노예의 삶에서 빠져나와도 노예처럼,살아가야 함을
이스라엘 민족의 40년 광야생활을 통해 미리 봅니다.

이 일을 통해 참되고, 유일하신 하나님을 알고,
하나님만을 예배하며, 오직 그리스도의 복음과
그 내용과 가치를 바로 깨닫고,
이 거룩한 복음이 후대에게 바로 전달 되기를 원하시는

하나님의 계획을 봅니다.

내 힘과 의지와 노력으로 내 현실의 문제에서
벗어나려는 Exodus camp가 아닌, 오직 하나님의 은혜로 주어진
구원과 자녀의 신분과 권세와 배경을 알고
누리고, 감사하며 모든 묶이고 매인 것들에서
자유케 하시는 하나님을 누리는
Exodus cmap가 되게 하옵소서.

어떤 재앙 속에서도 안전한 영적배경을 알고
세상과 타협하지 않고, 오직 하나님께서
우리에게 명하신대로 행하는 하나님의 자녀로
나를 구별하신 예수 그리스도 이름으로 기도드립니다. 아멘.

# 이스라엘과 애굽의 가축을 구별하리라
출애굽기 9:1-7

여호와께서 모세에게 이르시되 바로에게 들어가서 그에게 이르라 히브리 사람의 하나님 여호와께서 말씀하시기를 내 백성을 보내라 그들이 나를 섬길 것이니라 네가 만일 보내기를 거절하고 억지로 잡아두면 여호와의 손이 들에 있는 네 가축 곧 말과 나귀와 낙타와 소와 양에게 더하리니 심한 돌림병이 있을 것이며 04 여호와가 이스라엘의 가축과 애굽의 가축을 구별하리니 이스라엘 자손에게 속한 것은 하나도 죽지 아니하리라 하셨다 하라 하시고(출9:1~4).


1. 다섯째, 가축의 죽음 재앙(출9:1-7)
    1) 하나님의 요구와 명령(출9:1-4)
    2) 구별된 재앙과 하나님의 심판(4-6)
    3) 바로의 마음이 완강하여(7)


2. Exodus camp의 열쇠-예수 그리스도(마16:16-19)
    1) 참 선지자 되신 그리스도(신18:15, 요14:6)
    2) 참 제사장 되신 그리스도(히4:15, 롬5:8)
    3) 참 왕되신 그리스도(대상17:4, 요일3:8)


3. Exodus camp 5. 재앙의 이유를 아는 자(시106:1-8)
    1) 교회가 사명을 잃고, 복음이 희미해질 때(시89:30-34)
    2) 구별된 성도의 삶과 산업(고전3:16-17)
    3) 하나님이 기뻐하시는 구별된 성도의 신앙과 삶(고후6:1-10).

그리스도 안에서 나를 구별하사 거룩한 하나님의 자녀
하나님의 백성 삼으신 하나님께 감사드립니다.

애굽에 노예된 이스라엘 백성을 건져내시기 전
애굽과 바로에게 내린 10가지 재앙을 통해 복음을 대적하는 사탄과
세상 임금을 심판하시고, 하나님의 백성을 구원하시는
하나님의 공의와 사랑을 깨닫습니다.

하나님의 심판을 당하고도 깨닫지 못하는
완악한 바로를 보며
완전히 망할 때가지 포기하지 못하는
나중심의 우상의 심각성을 봅니다.

이 모든 재앙과 심판 속에서도
완전한 하나님의 보호와 도우심을 누리고, 넉넉히
출애굽 할 수 있는 열쇠가
오직 예수 그리스도 안에 있음을 믿고 찬양합니다.

오직 그리스도를 대적하는 사탄의 역사와
그리스도를 모른채 마귀의 자녀로 살아가는
불신자 상태와 그리스도를 대충알고,
사탄의 종 노릇하는 성도와 교회의 현실을 봅니다.

하나님의 백성이 복음의 이유와 사명을 잃어 버린채
내게 이익이 되고, 나보기에 좋은 것만을 응답이라

여기는 종교에 빠질 때마다 반복된 시대의 재앙 앞에서
나의 신앙을 바로 세우는 시간되길 원합니다.

하나님께서 지키시지 않으면 아무것도
내 힘으로 지킬 수 없음을 알고
나를 구별 하신 하나님의 은혜가 헛되지 않도록
나, 육신, 성공 중심의 온갖 더러운 것에서
나를 지킬 힘을 주옵소서.

참 선지자 제사장 왕이신 예수 그리스도 이름으로 기도드립니다.
아멘.

2022. 10. 30 주일 말씀 기도문

# 은혜를 아는 자 참 행복을 아는 자

신명기 33:29

이스라엘이여 너는 행복한 사람이로다 여호와의 구원을 너 같이 얻은 백성이 누구냐 그는 너를 돕는 방패시요 네 영광의 칼이시로다 네 대적이 네게 복종하리니 네가 그들의 높은 곳을 밟으리로다(신33:29).

서론. 하나님의 은혜
 1) 구원의 길(요14:6)
 2) 복음의 유일성(요일3:8)
 3) 구원의 증거(요일5:11-13)

본론. 구원 얻은 자의 참 행복
 1) 예배의 행복(창13:18, 창22:5, 느8:10, 요4:23, 롬12:1)
 2) 말씀의 행복(신10:13, 시119:105, , 시144:15 , 출9:20-21)
 3) 기도의 행복(창32:22-29, 신4:7, 삼상12:23, 시19:14, 단6:10)
 4) 전도의 행복
    (마24:14, 막1:38, 행3:1-6, 행4:12, 행5:42, 행21:13)
 5) 제자의 행복(마4:19, 막3:13-14, 요8:31, 마28:16-18)

결론. 교회의 방향.
 1) 복음이 복음되게 하는 교회(마16:16 복음의 개인화)
 2) 복음으로 하나된 교회다운 교회(마16:17-19 복음의 교회화)
 3) 지역 살리는 교회-전도(행6:7, 9:10 복음의 현장화)
 4) 세계 살리는 교회-선교(행11:19-30 복음의 세계화)
 5) 후대, 문화 살리는 교회(마28:16-20 세계복음화).

하나님을 떠나 지옥권세 아래 놓인 나 허물과 죄로 죽었던 나
사단에게 종 되어 아무런 소망이 없던 나를 위해
하나님의 독생자 예수님을 사람의 몸으로 이 땅에 보내시고,
십자가에 피흘려 죽도록 내어주시어 인류의 모든 죄와 허물을
대신 지고 고통과 죽임을 당하게 하신 하나님
그를 삼일만에 다시 살리시사 모든 죄와 사단과 지옥 권세를 이기신
그리스도의 일을 이루시고 아무조건 없이 은혜로
참 생명 얻는 구원의 길을 허락하신 하나님께 감사합니다.

이제 하나님의 은혜로 예수를 그리스도로 믿고
그 이름 부를 때 거룩하신 성령하나님을 우리 안에 부어주사
주와 함께 살고 주와 동행하며 주께 간구하는 모든 것을 응답으로
누리게 하심에 감사합니다. 예수는 그리스도 증거할 때
주의 자녀를 지키고, 주의 백성을 돕는 능력의 천군 천사들을 보내시며
모든 어둠과 저주 지옥권세가 무너지고,
천국보좌의 능력으로 함께 하사 전 세계에 하나님의 나라가
임하게 하심을 믿습니다.
이런 구원의 은혜와 축복을 허락하신 하나님 앞에서
나의 사랑이 아직도 부족함을 생각합니다.
하나님만으로 충분히 만족하지 못하고 힘을 얻지 못하고
세상의 만족과 행복을 따라 살아가는 삶의 연약함이 적지 않습니다.
이런 나를 항상 기다려 주시고, 오늘도 예배와 말씀과 기도와 전도와
제자의 행복 가운데로 인도하여 주심을 감사합니다.
하나님! 아브라함처럼 목숨보다 소중한 예배의 행복을
체험하기를 원합니다. 지금도 하나님의 말씀에 나의 한숨
한 걸음을 의지하여 말씀이 없으면 도무지 아무것도 볼 수 없이
오늘을 걷는 내 발의 등으로 빛으로 삼길 원합니다.

하나님! 나처럼, 하나님을 가까이 하고, 하나님께 기도할 수 있는
구원의 백성이 어디있습니까, 이 놀라운 기도의 행복, 기도의 능력,
기도의 시간을 빼앗기지 않기를 간절히 원합니다.

그속에서 하나님의 간절한 소원을 깨닫게 하시사 지금 내곁에
버려져 있는 현장을 보며 사단에게 빼앗긴 주의 자녀를 되찾아 오고,
무너진 교회들을 회복시키는 전도의 행복을 누리며 영원토록
하나님의 영광을 나타낼 제자의 행복을 누리게 하시옵소서.

이 행복 속에서 날마다 복음이 복음되는 개인의 삶을 회복하고,
온성도가 예수그리스도의 신앙고백과 강단을 중심으로
완전히 원니스되어 연약한 교회들을 세우는
어떤 흑암조직도 무너뜨릴 수 없는 교회다운 교회
70 지교회를 통하여 호남과 민족 살리는 전도의 사명을 감당하는
교회를 세우며 아직도 복음을 듣지 못한 나라와 세계를 살리는
70곳의 선교지를 감당하는 교회, 선교의 눈을 가지고, 영적 정상을
누리는 복음 엘리트를 세워 3단체를 살리고, 3기업의 답을 가지고
모든 우상과 흑암에 빠진 문화를 살리는 교회가 되게 하시옵소서.

구원의 은혜를 진심으로 아는 한 사람을 통하여 오늘도 뜻을 이루시는
하나님 한 주간도 전 세계 곳곳에서 복음 전하는
전도자들과 선교사님들과 담임 목사님을 붙드시고,
모든 성도와 후대들이 자기 주장을 버리고,
하나님의 말씀에 길들여져 주의 일에 쓰임받게 하시옵소서.
예수그리스도이름으로 기도드립니다. 아멘

# 나는 하나님의 자녀(참 행복한 사람)

## 신명기 33:29

이스라엘이여 너는 행복한 사람이로다 여호와의 구원을 너 같이 얻은 백성이 누구냐 그는 너를 돕는 방패시요 네 영광의 칼이시로다 네 대적이 네게 복종하리니 네가 그들의 높은 곳을 밟으리로다(신33:29).

서론. 모든 사람은 그리스도가 필요합니다.
 1) 첫 사람의 범죄 이후 모든 사람은 죄인입니다.(창3:1-6, 롬3:23)
 2) 스스로의 삶이 증명하고 있습니다.(불신자 상태)
 3) 인간의 방법으로 결코 해결할 수 없습니다.
 4) 하나님께서 주신 유일한 방법이 바로 복음입니다.(롬5:8)
 5) 믿으면 됩니다.(요3:16, 롬1:16, 행16:31, 계3:20)

본론. 하나님 자녀의 신분에 맞는 영적사실을 누려야 합니다.
1. 구원 얻는 순간 일어난 영적인 사실
  1) 성령의 내주=임마누엘(고전3:16, 고후1:22, 요14:16-17)
  2) 성령의 인도(요14:26, 16:13, 갈5:18)
  3) 성령의 역사(마7:7, 요14:14, 15:7, 16:24)
2. 믿고 구원 얻는 순간 일어난 영적상태의 변화
  1) 사망에서 생명으로(요5:24)
  2) 어둠에서 빛으로(행26:18, 엡5:8)
  3) 사탄의 권세에서 하나님께로(행26:18)
  4) 마귀자녀에서 하나님 자녀로(요1:12)
  5) 흑암에서 아들의 나라로(골1:13)
  6) 길 잃은 자리에서 회복(벧전2:25)
  7) 죄와 사망의 법에서 생명의 성령의 법으로(롬8:1-2)

결론. 하나님 자녀의 삶의 자세(본질, 기준, 수준)
 1) 나를 주장하지 않아요(미6:8, 벧전5:3-6)
 2) 육신의 소욕 따라가지 않아요(롬8:6-7, 롬13:12-14)
 3) 세상을 쫓아 행하지 않아요(요일2:15-17, 약4:4-5).

내가 어디서 구원을 받았는지 예수 그리스도 이름으로 얻은 구원이
얼마나 큰 축복인지 어떻게 이 축복을 누리며,
무엇을 위해 살아야 하는지를 알게 하심에 감사합니다.

모든 지식과 과학과 시대는 발전하지만 첫사람 아담의 범죄이후
전 인류와 모든 사람이 죄와 사망의 법아래 묶인채 계속되는
불행과 고통과 인생의 수고에서 벗어날 수 없고
그 어떤 종교적 노력과 신념으로도 불신자 상태에서
벗어날 수 없는 운명입니다.

그 운명 아래서 길도 답도 소망도 없이 살아가던 나를 위해
이미 영세전부터 그리스도를 약속하시고, 약속대로 하나님의 독생자
예수를 이땅에 보내사 그리스도가 되게 하시고,
누구든지 믿으면 구원 얻는 길을 여신 하나님을 찬양합니다.

예수께서 그리스도 되심을 믿을 때 내 마음에 주신 성령하나님의
역사를 통해 일어난 영적인 신분과 영적상태의 변화를
사실대로 믿고 누리기를 원합니다.

그 어떤 어둠의 역사와 사탄 마귀의 세력이 손댈 수 없도록
성령으로 인치시고, 보증하사 영원토록 나와 함께 계시고,
지금도 인도하시며 모든 기도와 간구에 가장 좋은 것으로
응답하심을 믿습니다.

사망에서 생명으로 어둠에서 빛으로

사탄의 권세에서 하나님께로
마귀의 자녀에서
하나님의 자녀로 흑암에서
하나님의 아들의 나라로 길을 잃었던
내가 참 목자되신 그리스도께로 죄와 사망의 법에서
생명의 성령의 법으로 옮겨졌음을 확신합니다.

더 이상 하나님 없는 자처럼 내 주장을 따라 살지 않도록
참된 신앙의 본질을 놓치지 않는
복음의 말씀 앞으로 돌아갑니다.

참된 기도 속에서 육신의 소욕과 정욕을 넘어서는
영적인 만족을 누리며, 하늘 보좌를 움직이는
기도의 행복을 사모합니다.

오직 전도 속에서 세상의 즐거움과
세상 성공을 부러워하지 않으며,
무너질 세상을 살리는 전도자로 살아 가기를 원합니다.

참된 영적신분을 회복하시고,
인생의 참된 가치와 행복과
참된 목적을 깨닫게 하신
예수 그리스도 이름으로 기도드립니다. 아멘.

2016. 5. 22 주일 말씀 기도문

# 나의 전심체험(절대방법)
신명기 6:4-9

이 사십 년 동안에 네 의복이 해어지지 아니하였고 네 발이 부르트지 아니하였느니라 너는 사람이 그 아들을 징계함 같이 네 하나님 여호와께서 너를 징계하시는 줄 마음에 생각하고 네 하나님 여호와의 명령을 지켜 그의 길을 따라가며 그를 경외할지니라(신6:4~6).


서론. 참된 것에 전심(온 마음)을 다해야 합니다.
절대로 변하지 않는 세 가지 언약(갈보리산, 감람산, 마가다락방)을 가지고 일심, 전심 지속하면, 참된 변화가 시작됩니다.

본론. 하나님의 나라 이루는 전심을 다해야 합니다.
1. 전심으로 할 때 참된 변화가 시작됩니다
　　1) 자신과 가정을 변화시키는 선심-복음개인화 (행1:1, 3, 8, 14)
　　2) 교회와 현장을 변화시키는 전심-원네스
　　3) 시대와 문화를 변화시키는 전심-빛의 문화

2. 하나님께서 명하신 것에 온 마음(전심)을 다해야 합니다.
　　1) 온 마음으로 예배하라(삼상7:1-17, 왕상8:23, 시29:2)
　　2) 온 마음으로 말씀 앞에 순종하라(창2:17, 신5:32-33)
　　3) 온 마음으로 기도하라(왕상8:29-66, 렘29:11-14, 마6:7-13)

결론. 참된 치유와 변화의 증인으로 나가야 합니다.

변하지 않는 언약을 주신 하나님께 감사드립니다.
영세전부터 참 하나님이시며 온 우주 만물을 창조하신 참되고
완전한 말씀이신 성자 예수님을 보내신 하나님
갈보리산의 십자가에서 모든 언약을 성취하시고 부활하사
완전한 구원의 길이 되신 그리스도를 주심에 감사합니다.

십자가와 부활의 주를 체험한 제자들을 감람산으로 부르사
반드시 이루어질 하나님나라의 말씀을 주시고, 세계복음화를 위해
오직 성령의 충만함 주실 것을 약속하사
온 마음으로 그 언약을 붙잡고 모인 성도들에게 성령의 충만함을
부어주신 하나님 수많은 핍박과 환란 속에서도 오직 성령의
인도 따라 오직 그리스도의 증인으로 살았던 저들의 걸음을
통해 로마를 정복하고 교권과 종교를 굴복시키며,
오늘 우리가 살아가는 이 시간까지 순수한 복음으로
전달되게 하심에 감사합니다.

지금은 전 세계가 하나님께서 주신 절대가능의 복음이 아닌,
자신과 가정과 현장과 시대를 무너트리는 사탄의 것에
온 마음을 두고 반드시 멸망당할 우상 문화로 가득한 이때에
오직 복음을 위해 남은자로 우리를 불러주셨음을 믿습니다.

이런 중요한 시대적 요청을 깨닫지 못하고,
그동안 온 마음을 담지 않은
예배와 말씀과 기도와 전도와 헌신에 대한 회개를 고백합니다.
교회와 현장을 변화시키고, 시대와 문화를 변화시키는

하나님의 나라를 위해 그리스도 안에서 한 마음이 되도록
나의 온 마음을 드리기 원합니다.

온 마음으로 하나님을 예배합니다.
온 마음을 다해 말씀을 받고, 말씀에 순종하며,
온 마음으로 하나님을 찾고, 구하고,
기도하며, 복음전하기를 힘쓰며,
온전한 중심과 온전한 예물로 주를 섬기기 원합니다.

이제 나를 만난 한 사람을 참된 예배와 말씀과
기도와 전도의 이유를 알고 복음과 교회를 위한
헌신의 가치를 아는 자로 세워가도록 참된 믿음과
신앙의 본이 되는 자로 서기를 간절히 원합니다.

오직 그리스도 안에서 참된 치유와 변화를 입은
증인으로 서길 원합니다.
언제나 주어진 위치 맡겨진 자리에서
하나님의 나라 이루는 일을 위해
온 마음을 다하는 제자로 나를 사용하시옵소서

온 마음 다해 주를 사랑합니다.
내 마음을 새롭게 하시는 예수 그리스도 이름으로 기도드립니다.
아멘.

2016. 9. 11 주일 말씀 기도문

# 언약의 자녀들
## 신명기 6:4-9, 누가복음 2:52

이스라엘아 들으라 우리 하나님 여호와는 오직 유일한 여호와이시니 너는 마음을 다하고 뜻을 다하고 힘을 다하여 네 하나님 여호와를 사랑하라 오늘 내가 네게 명하는 이 말씀을 너는 마음에 새기고 네 자녀에게 부지런히 가르치며 집에 앉았을 때에든지 길을 갈 때에든지 누워 있을 때에든지 일어날 때에든지 이 말씀을 강론할 것이며 너는 또 그것을 네 손목에 매어 기호를 삼으며 네 미간에 붙여 표로 삼고 또 네 문설주와 바깥문에 기록할지니라(신6:4~8).


서론. 하나님의 시간표를 깨달아야 합니다.
1) 천명을 깨달은 렘넌트(창37:9-11, 출3:18, 삼상3:10-14)
2) 언약의 흐름을 아는 가정과 부모(창28:28-22, 출2:1-3)
3) 시대가 어두울 때(창37장, 출1:8-22, 삼상2:12-17)

본론. 함께 키워가야 합니다.
1. 이 시대상황을 알아야 합니다.
　1) 문화의 현실
　2) 후대의 현실
　3) 그러나 언제나 하나님께서는 남은자를 통해 일하셨습니다.

2. 반드시 올 재앙시대를 이기는 비밀이 있어야 합니다.
　1) 오늘은 이유를 아는 부모 세대의 몫입니다.(신6:4-9, 잠22:6)
　2) 내일은 준비된 후대의 몫입니다.(눅2:52, 잠22:29)
　3) 부모와 교회와 교사의 준비(행1:14, 2:42, 46-47)

결론. 후대-자신을 세워가는 길이 되어야 합니다.

영원한 언약의 주인공이신 예수 그리스도 안에서
세계 복음화를 향한 시대적 언약의 흐름 속으로 인도하신
하나님께 감사드립니다.

복음이 희미해지고, 교회가 변질되고, 가정이 무너지고,
국가와 사회와 문화가 병들어 더 이상 소망 없는 시대를 당할 때마다
남은자들을 통해 시대와 역사를 치유하시고 회복하신 하나님.

복음 안에서 사람이 마땅히 행할 바를 알지 못하고,
개인주의 시대 속에서 가정이 무너져 가고 각종 중독과 분열과
정신적 문제와 인간성 도덕성이 무너지며 삶의 이유를 찾지 못해
스스로 인생을 포기하는 시대입니다.

복음을 부끄러워 하면서 세상은 두려워 하고,
부러워하는 마음으로 세상 중심의 나의 것
나의 목표를 세우고 멈출 수 없는 절대불가능의 길을 달려갑니다.

그러나 시대적 영적 위기의 상황 속에서
하나님의 천명을 듣고, 깨달은 남은 교회와 기성세대를 통해
하나님은 남은자를 일으키셨고, 언제나 그들을 통해
절대가능의 역사와 증거를 보이셨습니다.

반드시 다가올 재앙의 시대를 보며, 오늘을 살아가는 우리가
감당해야할 몫을 찾게 하사 후대를 위한 발판을 놓게 하시고,
오직 복음 안에서 균형 잡힌 성장과 능숙함을 가진 후대를

세워갈 그림을 주심에 감사합니다.
생각과 마음만으로 되어지는 것이 결코 아님을 고백합니다.
나의 평생기도의 제목으로 품고,
날마다 마음을 같이하는 기도의 서밋으로 서길 원합니다.

우리 모든 후대가 단 한명도 실족하지 않고,
영적 기초를 바로 세우는 언약식에서부터 한 시대를 향한
이면계약을 실현한 복음의 모델이요.
시대 서밋으로 서는 임직식까지 하나님께서 준비하신
남은자의 길을 걷도록 인도 하시옵소서.

두 번째 언약식을 허락하신 예수 그리스도 이름으로 기도드립니다.
아멘.

# 하나님의 도우심
## 에스라 8:21-23

그 때에 내가 아하와 강 가에서 금식을 선포하고 우리 하나님 앞에서 스스로 겸비하여 우리와 우리 어린 아이와 모든 소유를 위하여 평탄한 길을 그에게 간구하였으니(스8:21).

서론. 흐름을 바꾸는 기도입니다.
1) 흐름을 타는 기도-영적 흐름을 타는 기도를 회복하라
2) 흐름을 바꾸는 기도-틀린 흐름을 바꿀 수 있는 기도를 회복하라
3) 오직 그리스도, 하나님 나라, 성령충만 체험

본론. 1. 현장에 속지않는 기도의 힘이 필요하다.
    1) 사람앞에 설 때 당황하지 말아라
    2) 오늘은 과거의 영적흐름에 대한 결과다
    3) 속지만 말아라-반드시 응답

    2. 현장을 넘어서는 기도의 힘을 가지라.
    1) 하나님 앞에 서는 힘을 가져라
    2) 스8:21 금식 선포, 하나님 앞에서, 스스로 겸비, 평탄한 길을 간구

    3. 영원한 것을 붙잡는 기도의 힘을 가지라.
    1) 영원한 것을 붙잡고 세상을 살려라
    2) 느8:1-18 유월절 언약을 회복하여라

결론. 응답받는 기도의 사람이 되어라.

성경말씀을 통해 시대와 현장을 바라보며 역사의 흐름을 볼 때,
오직 복음이 필요한 이유를 깨닫게 하시는 하나님 내 삶의 흐름이
하나님의 영원한 언약과 시대적 소원이 통하는
삶이되기를 원합니다.

먼저 나 자신의 영적인 상태와 내가 중심을 두고 살아가는
삶의 흐름을 돌아봅니다. 오직 복음과 기도와 전도 중심으로
하나님과 통하는 삶의 흐름을 이어갈 수 있는 힘을 주시고,
아직도 이 중심에서 벗어난 삶의 흐름이 있다면 속히
돌이킬 수 있는 힘 얻기를 원합니다.
삶의 현실과 현장에 속지 않는 기도의 힘을 가지고 순간순간마다
생각하지 못했던 일들과 문제와 사람 앞에서 당황하지 않고,
에스라처럼 그 속에 분명하게 담겨져 있을
하나님의 계획을 찾게 하사 단한순간도 불신앙에
빠지지 않는 힘을 얻게 하시옵소서.

또한 이 현장과 현실 속에서 살아남는 수준에 머물지 않고
이 현장을 넘어서는 힘을 회복하기를 간구합니다.
언제나 문제 앞에서 지난 날 살아온 삶의 방식대로
생각하지 않을 것을 고백합니다.
온전히 하나님 앞에서 겸비함으로 사람과 돈을 의지하고,
다른 방법을 찾고, 현실에 안주하려는
나의 본성이 치유되기를 원합니다.

이제 현장에 속지 않고 현장을 넘어서는 기도를 누림으로
영원한 하나님의 언약을 붙잡는 기도 속으로 들어가길 원합니다.
하나님 지금 나는 어떤 소원과 목표를 가졌습니까?
시대와 문화를 보며, 교회와 현장과 후대와 선교를 위한

어떤 그림을 그리고 있습니까?
어떤 갱신과 도전을 계획하고 있습니까?

참된 언약적 한을 회복하고, 내가 섬기는
교회의 소중함을 보게 하시고, 내가 살아가는 삶의 현장을
매일 복음으로 살리게 하시며 이 언약적 바통을 이어갈
후대에게 복음을 새기는 일에 참된 기도의 힘을 모으며
가든지, 보내든지, 선교에 헌신할 수 있는 은혜를 허락해 주시옵소서.

이 힘과 증거를 가지고, 이제 한 개인의 인생의 흐름을 뒤바꾸며
시대와 역사의 흐름을 뒤바꿀 수 있는 전도와 선교의 걸음을
날마다 걷게 하시옵소서. 인생과 종교와 현장을 개혁시키는
전도와 선교의 사역에 남은 생을 올인할 수 있을 만큼
성공하기를 원합니다.

에스라의 말과 뜻을 아닥사스다 왕이 인정하고,
그대로 시행한 것처럼 강단의 목사님을 통해 주시는
말씀이 가장 먼저 내 삶의 흐름을 뒤바꾸는 말씀으로 붙잡아지고,
이 지역과 시대의 문화를 뒤바꾸는 말씀으로 역사하기를
기도합니다. 이 속에서 나와 온성도와 후대의 말이 현장에 성취되고,
내가 있는 직장과 삶의 현장의 영적 흐름을 뒤바꾸는
증거를 보게 하시옵소서.

이번 주 있을 선교대회에 특별히 함께 하시고,
학업캠프에 참여하는 후대들과 지도하는 대학생 교사들을
마음껏 축복하시고 최고의 영광을 받으시옵소서.
나의 모든 것이 되시는 예수 그리스도 이름으로 기도드립니다.
아멘.

2013. 2. 17 주일 말씀 기도문

2.아이들의 뜰

세계복음화하는
# 아름다운 교회로
세우게 하옵소서

# 체험한 자의 마지막 고백

### 여호수아 23:1-11

여호와께서 주위의 모든 원수들로부터 이스라엘을 쉬게 하신 지 오랜 후에 여호수아가 나이 많아 늙은지라 여호수아가 온 이스라엘 곧 그들의 장로들과 수령들과 재판장들과 관리들을 불러다가 그들에게 이르되 나는 나이가 많아 늙었도다 너희의 하나님 여호와께서 너희를 위하여 이 모든 나라에 행하신 일을 너희가 다 보았거니와 너희의 하나님 여호와 그는 너희를 위하여 싸우신 이시니라 (수23:1~3).

서론. 두 종류의 사람이 있다.
 1) 실패자      2) 성공자

본론. 지금까지 네 속에 각인된 것을 바꾸어 버리라.
 1) 출5-12장 피 언약 붙잡고 출애굽 한 이야기
 2) 출17:8-16 아말렉 전투 이야기
 3) 출33:11 모세를 섬길 때 한번도 회막문을 떠나지 않고 충성

1.내가 하나님과 함께 하는 방법을 찾아 누리라.
   1) 내가 기도하는 방법을 찾아내면 무조건 승리한다.
   2) 수24:15 나와 내 집은 여호와만 섬기겠노라.

2.확실한 미래를 붙잡으면 하나님이 힘을 주신다.
   1) 수23:10 한명이 천명을 감당하게 될 것이다.
   2) 민31:23 가나안 정복은 하나님의 약속이다.

결론. 복음을 체험한자가 보는 것이다.
   1) 사실을 넘어서는 진실    2) 최선을 넘어서는 유일성
   3) 성실을 넘어서 하나님의 음성을 들어라.

하나님께서 하나님의 주권대로 행하시고, 우리의 걸음을
인도하심을 믿습니다

순간마다 허황된 생각을 가지고 불평불만 하고,
최선을 다하지 못하며 작은 일에 불성실 하는
실패자의 체질이 내게 있다면 매사에 참된 사실을 보는
눈과 최선을 다하고, 작은 일에서 부터 성실함을 훈련하는
성공자의 삶을 준비하기 원합니다.

아직도 내 생각과 영적 상태와 체질 가운데 남아 있는
나도 내 마음대로 할 수 없는 체질이 있습니다.
하나님의 인도 받기보다 내 생각과 경험과 기준을 가지고
하나님의 말씀을 따라 인도받지 못하는 잘못 각인된
나의 상처를 치유하는 믿음의 도전을 매일 지속하기를 원합니다.

매일 말씀을 마음에 담고, 잘못 각인된 것을 치유 받고,
여호수아의 고백처럼 나에게 하나님께서 함께 하시고,
인도하시고, 역사하신 지난 하루 한주 한 달과 살아 온
인생 전체를 고백하고 간증할 수 있는 응답으로 도전합니다.

언제나 하나님께서는 나와 함께 하시니
내가 매일 하나님과 함께 하심을 누리는
나만의 기도의 비밀을 찾기를 기도합니다.
나만의 기도의 비밀 속에서 오직 여호와만 섬기고 내 마음이
항상 하나님을 향해 있도록 붙드시고 인도하시옵소서.

세계복음화라는 분명하고, 확실한 비젼을 주신 하나님
참된 믿음의 용기를 가지고 도전하고자 합니다.
믿음의 삶을 향한 이 결단위에 성령으로 역사하시고,
오늘도 언약체험 요단체험 여리고를 체험하는
지금의 삶을 놓치지 않기를 기도합니다.

이제 40일의 하나님을 바라보는 깊은 기도 속에서
성공자의 눈을 넘어 복음의 눈을 열고, 사실을 넘어 진실을 보고,
최선을 넘어 유일성을 보며, 성실을 넘어 하나님의 음성을 듣는
자리까지 나가기를 원합니다. 이 속에서 모든 불신앙이 무너지고,
흑암문화를 이기는 제자의 응답 누리길 원합니다.

한주간도 초등부 수련회를 통해 모든 후대가
복음의 뿌리 내리고, 함께 하는 모든 교사들과 사역자들에게
성령의 충만함 속에서 5력을 주시고, 담임목사님께
5력을 허락하시고, 가는 걸음마다 교회와 지역과 후대 살리고,
복음문화 회복할 제자의 만남 허락하시고, 3체험 속에서
지금을 성공시키는 교회가 되고, 모든 성도가 되기를 기도합니다.
모든 기관에 배가운동이
일어나고 새벽을 깨우며 새로운 기도에 도전하는 모든 후대들과
성도들에게 더욱 함께 하셔서 다른 세계 다른 힘을 체험하는
최고의 시간되게 하실 것을 믿습니다.

모든 삶을 복음의 간증꺼리로 회복하시는
예수 그리스도 이름으로 기도드립니다. 아멘.

2013. 1. 20 주일 말씀 기도문

# 항상 성령 안에서 기도하라

## 에베소서 6:10-20

끝으로 너희가 주 안에서와 그 힘의 능력으로 강건하여지고 마귀의 간계를 능히 대적하기 위하여 하나님의 전신 갑주를 입으라 우리의 씨름은 혈과 육을 상대하는 것이 아니요 통치자들과 권세들과 이 어둠의 세상 주관자들과 하늘에 있는 악의 영들을 상대함이라(엡6:10~12).

서론. 하나님의 절대목표 속에 있는 만남(엡5:22-6:9)

본론. 강력한 영적싸움꾼이 되라
1. 진정한 싸움의 대상을 알아야 합니다(엡6:12)
    1) 자신과의 싸움-틀린 각인, 뿌리, 체질, 치유
    2) 세상과의 싸움-정사와 권세잡은자 우상문화
    3) 사탄과의 싸움-말씀에 순종하는 삶

2. 영적싸움의 준비와 방법을 알아야 합니다(엡6:10-17)
    1) 시대 상황 분별-마지막 때(10)
    2) 날마다 강건함을 입으라-그리스도와 성령 안에서(10)
    3) 하나님의 전신갑주를 취하라(13-18)

결론. 마지막 싸움에 승리하는 성도=교회(엡6:13, 18-20)
    1) 기도하는 교회(시32:6, 렘33:1-3, 단6:10, 마18:18-20)
    2) 전도와 선교의 전략을 누리는 교회(20가지 성경적 전략)
    3) 복음 안에 있는 꿈과 비젼을 가진 교회(5가지).

그리스도를 주시고, 오직 그리스도를 믿고, 알고 누리도록
은혜주신 하나님께 감사드립니다.

또한 그리스도 안에서 내게 주신 모든 만남의 이유와 소중함을
알게 하시고, 내 의지와 상관없이 이미 허락하신 절대적인
관계 속에서 하나님의 뜻을 보게 하사 무너진 관계를 바로 세우며,
치유하도록 말씀으로 인도하신 하나님께 감사드립니다.

진정한 싸움의 대상을 모르고, 내게 주신 소중한 사람들과 싸우며,
모든 것을 잃어 버리도록 속이는 사탄의 궤계를 봅니다.

이제껏 사람과 싸우면서 상처주고, 상처 받았던 삶을 회개합니다.

우리의 싸움은 육신이 아니요, 영적인 싸움이라는 사실을
깨닫게 하신 하나님, 가장 먼저 복음이 아닌 다른 것으로 각인되고,
뿌리내리고, 체질이 된 나 자신을 오직 복음으로 바꾸는
싸움에 승리하길 원합니다.

삶의 우선 순위를 놓치고 세상 즐거움과 세상일을 따라 하나님께서
원하시는 소원과 목표와 멀리있는 나의 삶을 돌이켜 세우고
사탄이 원하는 사람과의 다툼과 분쟁과 죽이는 싸움에서 벗어나
오직 말씀, 기도, 전도 속에서 살리는 싸움에 승리하길 원합니다.

시대의 영적인 흐름을 먼저보고, 시대 상황을 읽으며 날마다
하나님만을 의뢰하며 그리스도의 복음과 성령 안에서
영적인 강건함을 덧입는 삶의 규모를 훈련합니다.

가장 먼저 구원의 확신위에서 흔들리지 않으며
하나님과 사람 앞에 진실함과 충성됨으로 동여매고,
거룩한 성도의 삶과 의로움을 덧입고, 날마다 전도자의
걸음을 걸으며 믿음의 방패와 성령의 검으로
사탄의 공격을 막고 이기는 삶을 도전합니다.

세상의 힘있는 사람보다 오직 믿음의 사람, 강력한 기도의 사람을
기뻐하시는 하나님, 우리의 싸움은 주님앞에 서는 순간까지
끝이 없음을 고백합니다.

어느 순간 다 된 줄로 착각하고, 영적인 교만과 나태함으로
무너지지 않도록 마지막까지 기도의 선한 싸움에 승리하는
성도와 교회가 되게 하옵소서.

나를 이기고 세상을 이기고, 사탄을 이기는 유일한 답이 되신
예수 그리스도 이름으로 기도드립니다. 아멘.

# 한계를 미리 본 부모와 후대
사무엘상 2:12-21

엘리의 아들들은 행실이 나빠 여호와를 알지 못하더라 그 제사장들이 백성에게 행하는 관습은 이러하니 곧 어떤 사람이 제사를 드리고 그 고기를 삶을 때에 제사장의 사환이 손에 세 살 갈고리를 가지고 와서 그것으로 냄비에나 솥에나 큰 솥에나 가마에 찔러 넣어 갈고리에 걸려 나오는 것은 제사장이 자기 것으로 가지되 실로에서 그 곳에 온 모든 이스라엘 사람에게 이같이 할 뿐 아니라(삼상2:12~14).

서론. 한계를 미리 본 부모가 미리 응답받습니다(삼상2:1-11)

본론. 우리(부모)의 한계를 미리 알아야 합니다(삼상1:9-11)
 1) 사탄이 준 12가지로 살아온 삶(창3:6, 왕하17:13-18, 엡2:1-3)
 2) 오래된 것임을 알아야 합니다.(출20:4-5)

1. 후대의 한계를 미리보아야 합니다(딤후3:1-13)
   1) 그릇된 세계관, 혼란시대
   2) 함정과 틀과 올무에 잡힌 후대(딤후3:13)

2. 한계를 넘어서는 부모와 후대의 길을 미리 봐야함(삼상2:18-21)
   1) 근본을 바로 심어야 합니다-영적서밋
      (창1:1, 2:7, 17, 3:1-6, 15)
   2) 전도자의 삶과 참된 삶의 우선순위-기능서밋(마6:24-34)
   3) 세상을 이기고, 치유하는 능력 회복-문화서밋
      (요삼1:2, 대하1:10-12)

결론. 미리 본 부모, 중직자의 결단
   1) 237, 치유, 서밋학교(삼상1:19-28, 2:11, 21).

다음세대를 위한 언약과 미션을 품고, 절대 가능의 길을 가도록
말씀을 주신 하나님께 감사드립니다.

아무리 사랑을 주고 대단한 유산을 남겨 준다고 할지라도
사탄이 준 것으로 살아온 영적문제와 오래된 가문과 가정의
대물림의 저주와 운명을 우리의 힘으로 막을 수 없음을 깨닫습니다.

사탄의 함정과 틀과 올무에 갇힌 그릇된 세계관과 혼란시대 속에서
깊은 상처와 각종 정신문제를 안고, 급변하는 시대의 흐름에
휩쓸려가는 우리 후대의 한계를 미리 보며 기도합니다.

오직 말씀 안에서 내 인생의 한계와 후대의 한계를 미리 보도록
은혜주시고 주안에서 세우신 교회와 함께 나와 우리 후대가 평생에
달려갈 길을 미리 보고 갈 수 있도록 인도하신
하나님께 감사드립니다.

그 어떤 지식과 과학과 기술로 세상을 주도하는
초 엘리트라 할지라도 막을 수 없는 인생의 근본 문제와 재앙을
바로 알고 성삼위 일체 하나님의 배경을 누리는
영적 서밋으로 서게 하옵소서.

교회와 함께하는 전도자의 삶 속에서 하나님이 주신 나를 찾고,
237운동과 맞는 오직, 유일성, 재창조의 달란트를 찾아
참된 인생작품과 포럼의 증인으로 후대 앞에 서기를 원합니다.

오직 복음으로 나와 우리 후대가 바로서고,
문화의 흐름을 바꿀 237 치유 서밋 24할 수 있는 시스템과 시설을
준비하고 드리길 원합니다.

한계를 기회로 바꾸시는
예수 그리스도 이름으로 기도드립니다. 아멘.

2021. 3. 7 주일 말씀 기도문

# 언약 안에 있는 한 가정의 기도

사무엘상 1:9-18

그들이 실로에서 먹고 마신 후에 한나가 일어나니 그 때에 제사장 엘리는 여호와의 전 문설주 곁 의자에 앉아 있었더라 한나가 마음이 괴로워서 여호와께 기도하고 통곡하며 서원하여 이르되 만군의 여호와여 만일 주의 여종의 고통을 돌보시고 나를 기억하사 주의 여종을 잊지 아니하시고 주의 여종에게 아들을 주시면 내가 그의 평생에 그를 여호와께 드리고 삭도를 그의 머리에 대지 아니하겠나이다(삼상1:9~11).


서론. 언약의 힘을 얻으라(언약궤).
　1) 언약궤
　2) 340년 전에 광야 길 걸어올 때 주신 그 힘을 회복해라
　3) 이 언약궤 가지고 요단을 건넌 그 믿음과 힘을 회복해라
　4) 그 언약궤를 가지고 돌 때 여리고도 무너졌다

본론. 언약궤 옆에 누운 사무엘의 축복-하나님 음성.
　1) 사무엘-하나님이 그 기도하는 것을 들으셨다
　2) 사무엘의 말이 하나도 땅에 떨어지지 않았다(삼상3:19)
　3) 이 축복을 사무엘이 다윗에게 전달했다(삼상16:13, 23)

1. 이 언약의 능력을 반드시 누려야 될 이유.
　1) 큰 이유는 블레셋을 막아야 되고, 블레셋을 살려야 한다
　2) 다윗이 있는 동안에는 블레셋을 함락시켜 버렸다

결론. 초대교회에서 일어난 응답을 보라.
　(1) 행1:1 그리스도-그리스도는 정답이다
　(2) 행1:3 해답-내게 해답이 나오도록 붙잡으라
　(3) 행1:8 응답-응답이 오도록 붙잡으라.

지금도 언제나 영원토록 예수는 그리스도가 되시니
오늘도 가는 걸음마다 예수그리스도의 십자가의 능력으로
모든 실패와 죄의 권세에서 해방의 역사를 누리고,
사망권세 이기신 부활의 능력과 권세로 나를 어렵게 하는
모든 어둠과 사망과 사단의 권세가 무너지는 승리의 날을 누리며
오순절 마가 다락방에 모인 성도들에게 임하신 성령께서
지금도 내 안에 함께 하시니 삶의 모든 문제와 갈등 가운데서도
하나님의 인도를 따라 참된 구원의 증거를 보는 삶 입니다.

나를 자녀 삼으신, 이 축복과 은혜로 역사 하시사
복음 안에 있는 언약의 힘을 날마다 누리게 하옵소서.
내 삶의 고민과 갈등과 원망과 시기 질투 불신앙 하는 마음을
이 시간 내려 놓고 한나처럼 하나님의 시대적인
언약 앞에 서고자 합니다.

늘 내 고민과 염려보다 이 시대와 교회와 지역과 미래를 향한
하나님의 소원을 먼저 보는 눈을 허락하사 시대와 지역과 교회와
현장과 가정의 시급한 나실인의 제목을 가지고,
기도하게 하시옵소서.
언약궤 옆에 누운 사무엘처럼 언약중심으로 힘을 얻는 내가 되고,
우리 자녀와 후대를 이 시대에 가장 중요한 시대적 요청 앞에
세울 수 있는 부모, 교사, 중직자, 내가 되게 하시옵소서.

창대교회의 모든 후대와 전문인과 중직자와 성도와 교역자가
복음안에 있는 언약이 통하는 기도조가 되게 하시고,
우리가 기도할 때 광야의 기적과 요단의 역사와 여리고의

증거가 나타나게 하시옵소서.
날마다 언약 속에서 하나님의 음성을 먼저 듣게 하시고,
하나님께 간구하는 모든 기도가 응답되며 말 한마디도
하나님의 뜻을 이루는 믿음의 말이 되게 하사
모든 성도와 후대를 하나님의 말씀 앞으로 이끄는
언약전달자의 사명을 누리게 하시옵소서.

지금도 강대국과 문화를 통하여 불신앙의 영으로 역사하는
사단을 이기고 멸망 직전의 우상 가운데 놓인 가족, 친구, 동료들과
현장을 변화시키고, 살릴 수 있는 오직 성령 충만함 속에서
언약의 능력 누리기를 간구합니다.

그 걸음을 따라 오직 그리스도 안에서 인생의 결론을 얻게 하시고,
그리스도를 누리면서 내 삶과 현장을 향한 하나님의 해답이
보여 지도록 기다리며, 참된 응답 참된 힘이 올 때가지
또 기다리며 이 답과 증거를 가지고, 올바른 시작을 하게 하시고,
나의 오늘이 언제나 언약이 성취되는 자리에 있게 하시옵소서.

또한 매주 예배를 통하여 하나님의 분명한 답을 얻고,
매일 삶, 산업, 학업 속에서 말씀이 성취되며 영혼이 살아나는
구원의 역사를 보게 하시옵소서.

언약안에 있는 한 사람(나)의 기도를 들으시고 응답하시는
예수그리스도이름으로 기도드립니다. 아멘.

2013. 2. 3 주일 말씀 기도문

# 복음의 능력을 아는 지도자
사무엘상 3:1-19

아이 사무엘이 엘리 앞에서 여호와를 섬길 때에는 여호와의 말씀이 희귀하여 이상이 흔히 보이지 않았더라 엘리의 눈이 점점 어두워 가서 잘 보지 못하는 그 때에 그가 자기 처소에 누웠고 하나님의 등불은 아직 꺼지지 아니하였으며 사무엘은 하나님의 궤 있는 여호와의 전 안에 누웠더니 하고(삼상3:1~3).

서론. 지금도 계속되고 있는 문제와 그 해답
 1) 현장-창3장, 창6장, 창11장 문제
 2) 문화-기독교 멸절, 사탄숭배 사상
 3) 시대-자살, 타락, 마약, 정신문제 급증

본론. 복음을 아는 지도자(삼상1:11 나실인)
   1) 하나님의 음성을 듣는 사무엘
   2) 미스바 운동을 일으킨 사무엘

1. 복음의 능력을 아는 지도자(삼상3:3 언약궤)
   1) 언약궤-언약돌비, 아론의 싹난 지팡이, 만나담은 항아리
   2) 언약궤 옆에 누웠더라 – 하나님의 음성

2. 올바른 교회를 세우는 지도자(삼상16:13 성전)
   1) 사무엘의 기도-언약궤 모실 성전
   2) 삼상3:19 사무엘의 하는 말이 한마디도 땅에 떨어지지 않았다
   3) 삼상7:14-15 사무엘이 사는 동안에는 전쟁이 없었더라

결론. 말씀의 능력을 체험하라(시119:41-51, 합2:1-3).

참 복음이신 그리스도와 그 안에서 성취된 말씀과 또한 성취 될
말씀을 주시고, 지금도 계속되고, 있는 창3, 6, 11장 문제가 가득한
이 땅에 오직 그리스도를 말하고, 진리의 말씀을 증거 하시고자
교회를 세우신 하나님께 찬송과 경배를 올려 드립니다.
전 세계는 지금 복음없는 복음을 대적하는 문화와 매체를 통해
사탄 숭배 사상을 심고, 자살과 마약과 타락을 부추기며
복음과 예배와 영적 생활과 멀어지게 하는 놀이 문화를 만들고
각종 정신문제와 질병으로 고통하며 방황하는 시대입니다.
교회와 성도마저도 복음의 유일성과 절대성과
필연성을 잃어 버리고, 예수 그리스도 밖에서도 구원이 있으며,
모든 종교가 하나라는 복음을 대적하는 사상에 빠져
오직 그리스도 선포하기를 주저하며 예수 그리스도만이
참된 인생 문제의 해답 되심을 말하고,
듣는 것조차 거부하는 현실을 살아가고 있습니다.

이와 같이 어려운 시대에 사무엘과 같이 복음을 알고,
시대의 영적문제를 아는 지도자를 세워 시대의 재앙과 우상과
전쟁을 해결 하신 하나님 이 시대에 무너지지 않는 반석이요.
음부의 권세를 이기며, 하늘 보좌를 움직이는 참 복음의 능력을
회복하고 모든 우상의 문화를 이기며 영적 재앙의 문제를 해결하는
증인들로 우리를 사용 하시옵소서.
성경 66권을 통해 우리에게 너무나 선명하게 보여주시고, 나타내신
예수만이 인생 모든 문제를 해결하신 그리스도이심을 봅니다.
하나님의 말씀을 우습게 보는 어리석은 자 되지 않게 하시고
성경의 말씀을 통해 예수가 그리스도이심을 믿고
구원에 이르는 지혜를 얻게 하사
그 이름을 힘입어 구원 얻게 하실뿐 아니라, 지금도 그 말씀이 살아서

역사하심을 보게 하심 감사합니다.
예수 그리스도의 터 위에 교회를 세우시고, 이 교회를 통해 끊임없이
복음이 증거 되기를 원하시는 하나님,
나와 모든 성도와 우리 후대가 한 사람도 빠짐없이
주님 오시는 날까지 오직 그리스도만을 말하는 교회되게 하시옵소서.
마지막 때에 세상의 권세와 정사와 어둠의 세상 주관자들과
악의 영들을 상대하며 하늘과 땅과 바다를 진동시키는
교회가 되게 하시옵소서.
오직의 복음을 거부하는 이 시대에 오늘도 살아있는
오직의 증거를 허락하사 말 한마디도 땅에 떨어지지 않고 결국은
이 신앙의 고백위에서 내 현장과 지역과 시대의
전쟁과 재앙의 문제가 해결 되는 것을 보게 하는
복음이 복음 되게 하는 교회 교회다운 교회, 지역 살리고
세계 살리고 후대와 문화 살리는 교회를 세우게 하시옵소서.

더딜지라도 반드시 지체되지 않고 성취될 하나님의 말씀임을
믿습니다. 말씀으로 모든 질병이 치유되는 것을 체험케 하시고
이 말씀의 흐름 속에 있는 우리 후대가 되며, 말씀 안에서
모든 무능까지도 치유 받는 중직자와 성도와
일군들이 되게 하시옵소서.
담임목사님께 지금 성령의 충만 속에서 5력을 더하사 지체되지 않고
반드시 성취될 말씀을 허락하시고
오직 그리스도의 증인으로 서서 우상과 종교와 흑암문화를 개혁하는
오직 그리스도의 제자를 세우게 하시옵소서.
복음의 능력을 깨닫게 하시고, 복음의 증인으로 살게 하신
예수 그리스도이름으로 기도드립니다. 아멘.

2013. 4. 14 주일 말씀 기도문

# 기드온과 삼손의 체험
## 사사기 7:9-18

그 밤에 여호와께서 기드온에게 이르시되 일어나 진영으로 내려가라 내가 그것을 네 손에 넘겨 주었느니라 만일 네가 내려가기를 두려워하거든 네 부하 부라와 함께 그 진영으로 내려가서 그들이 하는 말을 들으라 그 후에 네 손이 강하여져서 그 진영으로 내려가리라 하시니 기드온이 이에 그의 부하 부라와 함께 군대가 있는 진영 근처로 내려간즉 미디안과 아말렉과 동방의 모든 사람들이 골짜기에 누웠는데 메뚜기의 많은 수와 같고 그들의 낙타의 수가 많아 해변의 모래가 많음 같은지라(삿7:9~12).


1. 기드온의 체험-증거를 붙잡으라
   1) 나 자신에 대한 증거가 필요하다(삿6:17)
   2) 하나님이 뜻이면 하나님이 행하신다는 증거를 붙잡으라(삿7:2-8)
   3) 하나님의 방법(작전)이라는 증거를 붙잡으라(삿7:9-25)

2. 삼손의 체험-나실인
   1) 언약을 가진 자(삿15:4-5, 삿15:14-19, 삿16:2-3)
   2) 언약을 놓친 자(삿16:4-22)
   3) 나실인 언약을 회복한 삼손(삿16:28-31)

3. 각인전쟁에서 승리하라-오직
   1) 복음-오직기도  2) 직분-오직교회   3) 기능-오직현장

결론.
   1) 수준 높은 증거를 붙잡아라
   2) 세 가지를 누리는 기도-참능력, 참치유, 참응답
   3) 지금하라.

이제 1년 12달 가운데 1월의 마지막 주를 맞이했습니다.
아직도 평생을 달려갈 방향과 한해를 두고, 받을 응답과 목표가
분명하지 않다면, 분명한 방향을 붙잡고,
지금을 성공시키는 삶을 실천할 힘을 얻게 하시고
매주 강단의 말씀을 붙잡고 실천과 체험의 증거를 보기 원합니다.

이 시대에 참 복음을 가지고, 교회가 하나 될 때 일어나는 증거를
보게 하신 하나님 대한예수교장로회 개혁총회 위에 함께 하셔서
이 교단을 통해 전 세계에 참된 그리스도의 복음을 증거하며,
죽어가는 현장과 후대를 살리며 미자립 교회 문제를 해결하는
1만 교회운동의 증거를 보게 하시옵소서.

이번주간 기드온과 삼손의 체험이라는 말씀을 통해
실제 증거와 언약을 붙잡고 기도하는 것이 얼마나
중요한가를 보았습니다. 이 말씀 속에서 내가 붙잡아야 할
증거와 언약이 무엇입니까? 기드온이 체험한 것처럼,
세계복음화를 위해 나를 이 시대에 부르시고, 이 교회의
직분자로 부르신 이유와 이 현장과 직장에 부르신
하나님의 증거 보기를 원합니다.

이스라엘 백성과 같이 수많은 성도와 후대가 자신을 부르신
이유를 찾지 못하고, 정말로 중요한 말씀의 증거를 얻지 못하여
세상 문화와 우상에 빠져서 반복적인 어려움과 실패 가운데
살아가고 있습니다. 삼손과 같이 언약을 놓치고, 불신자들의
조롱꺼리가 되어버린 신앙의 모습이 내 삶에도 있다면,
속히 나를 회복하는 기도를 찾게 하옵소서.

하나님께서 하신다는 믿음 가진 성도를 찾으시는 하나님
누구도 답을 줄 수 없는 영적인 문제에 답을 주고 영적인 답이 없어
죽어가고 고통하는 불신 현장을 살리는 증인으로 서도록
내게 먼저 증거를 주셨음을 믿습니다.
겁많고 연약하지만 확실한 그리스도의 언약을 붙잡고,
오늘도 하나님의 뜻이면 아무도 막을 수 없다는 증거를 보이는
하루가 되게 하시옵소서.

내 속에 각인된 모든 것이 오직 복음 누리는 기도와
오직 교회 중심으로 교회를 위한 직분자의 사명과
기도를 찾게 하시고, 내게 주신 한가지 일 속에서 현장을 살리는
오직 전도의 힘을 얻게 하시옵소서.
이제 불신앙과 원망의 체질을 넘어서 입을 크게 열고,
새로운 수준의 믿음과 기도와 누림과 헌신을 회복하게 하시고,
언제 어디서든지 참 능력을 누리고, 치유하며,
모든 현장에 예비 된 참 응답을 확인하게 하시옵소서.
지금 전 세계현장으로 선교캠프를 진행하는
대학 선교팀을 축복하시고, 필리핀 세부 현장에 캠프를 진행중인
호남 캠프팀과 우리 성도들에게 참 증거와 언약이 체험되게 하시고,
담임목사님과 온 교회가 하나 되어서 이 지역을 살리고,
전 세계의 흑암 우상문화를 살리는 대표적 교회로
쓰임 받게 하실 것을 믿습니다.

나를 전도자로 부르시고, 세계복음화의 언약을 주신
예수그리스도 이름으로 기도드립니다. 아멘.

2013. 1. 27 주일 말씀 기도문

# 엘리야의 체험
## 열왕기상 19:1-8

아합이 엘리야가 행한 모든 일과 그가 어떻게 모든 선지자를 칼로 죽였는지를 이세벨에게 말하니 이세벨이 사신을 엘리야에게 보내어 이르되 내가 내일 이맘때에는 반드시 네 생명을 저 사람들 중 한 사람의 생명과 같게 하리라 그렇게 하지 아니하면 신들이 내게 벌 위에 벌을 내림이 마땅하니라 한지라(왕상19:1~2).

서론. 성령 충만의 실제적 가치를 누리는 성도
 1) 우상숭배 하지 말라  2) 성령 충만함을 받아라

본론. 시대를 바꾸는 실제적인 능력이 나타남
  1) 모든 우상, 모든 귀신 섬기는 것을 끝내라는 선포(왕상17:1).
  2) 죽은 아이를 살려내는 큰 능력(삼상17:17-24)
  3) 850명 거짓 선지자와 갈멜산 대결에서 이김(왕상18:16-19)

1. 극한 어려움이 와도 반드시 승리하는 힘을 주심
  1) 아합왕을 통한 죽음의 위기
  2) 850명 거짓 선지자를 이긴 후에도 죽음의 위기
  3) 아합왕 보다 더 악한 것이 이세벨이다(왕상19:1-20)

2. 하나님은 시대적인 인물들을 만나게 하심
  1) 오바댜-엘리야의 제자, 엘리야를 제일 싫어하는 아합 왕의
     궁내 대신
  2) 바알에게 무릎 꿇지 않은 7000제자(왕상19:18)
  3) 시대적인 후계자 엘리사 준비(왕상19:19-21)

결론. 그러므로(시46:1-11, 2)
 1) 시편46편 하나님은 우리의 피난처, 힘, 큰 도움
 2) 나이, 직업, 직분, 장소, 환경 따라 힘을 다르게 얻어야 한다.

끊임없는 인생의 재앙과 전쟁과 고통의 원인을 알지 못하고,
아직도 창조주이시요 절대자이신 하나님을 찾지 못하고,
헛된 우상을 섬기며 파멸의 길로 달려가는 사람들 가운데에서
먼저 하나님의 은혜로 예수 그리스도를 믿음으로
구원 얻게 하심을 감사합니다.

지금 하나님을 알지 못하는 세상의 성공자들은 깊은 영적 세계를
체험하는 명상과 각종 기 운동을 통해 실제로 사탄이 가져다주는
악령 충만함을 얻고 육신적인 한계도 넘어서는 실제적 기도의 힘을
가지고 세상의 문화와 시대의 큰 흐름을 주도해가고 있습니다.
하나님, 오늘 나에게 하나님의 은혜를 베푸시사
오직 성령의 충만함을 사모하는 마음으로 넘치게 하시고,
하나님의 말씀을 100% 믿고,
순종함으로 말씀이 내 삶에 살아 역사하심을 체험하고,
하나님을 향해 집중하는 기도 속에서 하나님의 실제적인 능력을
체험하며 살아가는 삶의 모든 이유를 전도 속에서 발견하는
사명을 체험하게 하시옵소서.
엘리야와 함께 하시고, 역사하셨던 하나님께서 지금도
성령으로 나와 함께 하심을 믿습니다.

아무리 불신앙의 조직이 크고 강해 보일지라도 오직 복음을 붙잡은
한사람의 믿음의 기도를 이길 수 없음을 믿습니다.
850명의 바알과 아세라 선지자를 이긴 엘리야의 기도를
지금 이 자리에서 고백합니다. 창대교회와 내 삶과
모든 환경속에 역사하는 불신앙과 우상의 역사들이
지금 예수 그리스도 이름의 권세와 능력 앞에 무너지게 하시옵소서.
혹 이후에 더 큰 어려움과 두려움과 불신앙의 문제가
엄습한다 해도 그때도 문제보다 더 크고 세상보다

더 크신 하나님께서 함께 하심을 잊지 않고,
더 깊은 기도와 하나님의 계획과 비젼을 보는 기도 속으로
들어가게 하시옵소서.
그 속에서 세미한 음성가운데서 내게 응답하시는 하나님을
만나게 하시고, 시대적인 만남과 응답의 문을 보게하사
나의 산업과 일과 위치에서 오바댜와 같이 급박한 위기의 시대를
살리는 선교적 기업으로 인도 받게 하시고, 또한 하나님께서
마지막 시대를 위해 숨겨놓은 우상에게 무릎 꿇지 않은 신실한
제자들을 발견하고 복음이 복음으로 다음세대에 까지
변함없이 이어져 가도록 세대가 교체되는 사이에서 참된
지도자를 세우는 일에 가장 아름답게 헌신하는 중직자의
은혜를 힘입기를 원합니다.

하나님 오늘도 나의 위치와 현실을 올바르게 살피는
지혜를 더하시사 이 자리 이 위치에서 제가 감당해야 할
복음과 교회와 후대를 위한 사명들을 깨닫게 하사 그 일을 감당할
힘을 얻게 하사 엘리야와 같이 시대를 바꾸고,
극한 어려움을 이기며 시대 살리는 만남의 축복을
누리게 하시옵소서.
특별히 이번주간은 우리 미래를 책임질 우리 후대들이 하나님의
큰 힘과 은혜와 비젼을 보는 한주가 되게 하시고
하나님께서 나의 피난처요, 힘이시요, 큰 도움이 되심을 믿음으로
어떤 상황에서도 두려워하지 않고, 믿음을 고백하는
자녀들이 되게 하시옵소서.

살아계신 예수 그리스도 이름으로 기도드립니다. 아멘.

2013. 5. 5 주일 말씀 기도문

# 아합왕과 이세벨을 통해서 얻어야 할 체험

## 열왕기상19:1-10

엘리야가 그 곳 굴에 들어가 거기서 머물더니 여호와의 말씀이 그에게 임하여 이르시되 엘리야야 네가 어찌하여 여기 있느냐 그가 대답하되 내가 만군의 하나님 여호와께 열심이 유별하오니 이는 이스라엘 자손이 주의 언약을 버리고 주의 제단을 헐며 칼로 주의 선지자들을 죽였음이오며 오직 나만 남았거늘 그들이 내 생명을 찾아 빼앗으려 하나이다(왕상19:9~10).

서론. 영원한 진리 세 가지
 1) 인간의 영적 문제는 같다.
 2) 성령의 능력 없으면 성도는 세상을 이길 수가 없다.
 3) 우리가 영적 정상에 올라가면 세계를 움직일 수 있다.

1. 아합왕을 통해서 보는 세상에 대한 성도의 세가지 자세
   1) 세상을 우습게 보지말라.
   2) 세상을 부러워하지 말라.
   3) 세상을 두려워하지 말라.

2. 이세벨을 통해서 보는 한 여자의 중요성
   1) 여자 한명의 영향(하와, 이세벨, 마리아)
   2) 믿음의 여자 한명이 한 시대를 살리는 영향(요게벳, 한나,...)
   3) 교회의 어머니 역할을 하는 여자.

결론. 천명(天命) 을 깨닫고 하나님과 통하는 성도
 1) 천명을 통하는 일, 삶, 가정
 2) 천명을 깨닫는 나의 40일 체험

3) 하나님과 통하는 5가지의 기도.
성령 안에서 세상을 살리는 말씀과 기도와 전도의 비밀을
깨닫게 하시고, 그 응답을 따라 넉넉하게 세상을 이기며,
어떤 세상의 육신적 성공과 명예보다 오직 그리스도 안에서
세상의 성공과 명예와 부를 내려다 볼 수 있는 영적 정상의 자리를
사모하는 마음 주심에 감사합니다.

하나님, 지금 세상은 아합왕과 같이 하나님 백성의 정체성과 참된
능력을 잃어 버리고, 세상을 부러워하고, 세상을 우습게보며
세상을 두려워 하면서 세상의 종이 되어 살아가는 종교인들이
너무나 많습니다. 이런 세대와 세상의 흐름 속에서 하나님의 자녀로
부름 받은 나의 정체성을 잃지 않는 답을 지금도 붙잡습니다.
돈과 명예와 권력과 세상적인 성공을 가지고, 세상을 이길 수 있다는
오만과 자만과 세상을 우습게 보는 무모함이 조금이라도
의식속에 있다면 이 시간 내려 놓습니다.
하나님께로 받은 은혜와 사랑보다 세상을 향해 더 치우친
마음과 세상을 부러워하는 심령을 오직 그리스도로 만족하는
마음의 지혜를 주사 이기게 하시고, 오바댜처럼 세상의 명예와
위치를 탐하거나 치우치지 않으면서 세상을 두려워하지 않는
마음을 주사 복음이 희미해져 가는 시대에 하나님의 가장 중요한
일을 수종드는 산업인 중직자 되기 원합니다.

성경의 많은 인물과 증인들 중에서 시대마다 한 여자의 영향력과
중요성을 보여주신 하나님 창대교회와 전 세계의
복음운동 하는 교회의 모든 여 성도들이 요게벳과 한나와 라합과
에스더와 같이 한 시대를 살리는 사역과 권사운동 여전도회 운동

구역운동을 일으키며 롬16장의 주역들로 서게 하시옵소서.
교회 구석구석을 살피며 연약한 심령과 아픔 속에서
무너진 가정과 후대를 돌아보며, 때로는 주의 종의 보호자로,
때로는 교회의 어머니로서 가장 복되고 아름다운 교회를 일으키고,
가정을 세우며, 남편과 자녀를 시대의 써밋으로 일으켜 세우는
돕는 배필로 서게 하시옵소서.

하나님 지금 이 시대는 복음이 희미해지고, 복음을 대적하고,
복음을 막는 종교와 흑암 세력이 가득합니다.
그 속에서 세상의 분위기를 따라 오직 그리스도의 유일성 말하기를
두려워하고, 참된 영적 해답이 되는 복음의 가치를 상실한
교회의 현실을 봅니다.
목회가 직업화 되고, 성도는 방황하고, 후대는 방치되고,
참된 교회의 모습은 사라진채 교권만이 남아
분쟁과 갈등하는 교회의 현주소를 봅니다.

이런 시대적 현실을 두고, 나의 일(업)과 삶과 가정을 생각해 봅니다.
흑암 시대를 막고, 하나님의 나라를 세우는 일을 두고,
나의 오직을 찾는 40일의 기도를 회복하게 하시고, 나를 향한
하나님의 천명을 듣고 깨닫는 은혜 입기를 간절히 원합니다.
하나님과 통하는 24시 깊은 기도 속에서
더욱 선명한 답을 얻게 하시고 남은 인생 더는 방황하지 않고,
갈등하지 않고 불신앙하지 않으며 하나님의 뜻을
이루는 자리에서서 하나님 앞에 세상앞에 사랑스럽고,
거룩하고 아름다운 교회가 되고, 그런 교회를 세우게 하실
예수그리스도이름으로 기도드립니다. 아멘.

2013. 5. 19 주일 말씀 기도문

# 히스기야의 기도

열왕기하 19:29-37

또 네게 보일 징조가 이러하니 너희가 금년에는 스스로 자라난 것을 먹고 내년에는 그것에서 난 것을 먹되 제삼년에는 심고 거두며 포도원을 심고 그 열매를 먹으리라 유다 족속 중에서 피하고 남은 자는 다시 아래로 뿌리를 내리고 위로 열매를 맺을지라 남은 자는 예루살렘에서부터 나올 것이요 피하는 자는 시온 산에서부터 나오리니 여호와의 열심이 이 일을 이루리라 하셨나이다 하니라(왕하19:29~31).

1. 히스기야 왕은 문제의 이유를 알고 있었다.
   1) 왕하18:3 다윗의 행위와 같이 여호와께 정직하게 행하여
   2) 왕하18:4 왕이 되자마다 세금을 중단하고, 우상을 없애버림
   3) 왕하18:5-6 유다 왕 중 최고의 왕

2. 히스기야 왕은 하나님의 능력을 누리는 방법을 알고 있었다.
   1) 왕하18:13-6 히스기야의 불신앙(당황, 인본주의)
   2) 왕하19:14-19 믿음을 회복한 히스기야
   3) 이사야를 통하여 메시지를 주심

3. 나 자신을 하나님께 드려 힘을 얻는 축복을 알고 있었다.
   1) 왕하20:1 병들어 죽게 된 히스기야
   2) 왕하20:2-3 낯을 벽으로 향하여 기도하는 히스기야
   3) 왕하20:4-7 이사야를 통해 응답을 전하심

결론. 새로운 은혜, 새로운 축복.
1) 이제 새로운 은혜, 새로운 축복, 새로운 힘을 받는데 도전해라.
2) 히스기야 때 역사했던 그 천사는 지금도 살아서 역사하고 있다.

완전한 부패와 사망가운데 놓였던 나를 위해 아무런 조건 없이
그리스도를 주시고, 믿음으로 구원 얻게 하신 하나님
막을 수 없는 하나님의 은혜로 오늘도 함께 하시고, 인도하시며
역사하사 영원한 승리로 이끄심을 믿고 감사를 드립니다.

이렇게 놀라운 하나님의 구원을 모든 민족에게 설명하시고,
나타내시려 한 민족을 택하신 하나님
이스라엘 민족을 택하시고 그 민족을 향한 하나님의 은혜와
사랑을 나타내시고, 주를 믿는 모든 나라와 백성들을
이처럼 인도하신다는 사실을 깨닫게 하심 감사드립니다.

이렇게 구원의 축복과 은혜를 베푸심에도
깨닫지 못하고 알지 못하여 하나님 보시기에 악을 행하며
우상과 저주, 재앙 가운데 무너져 버린 이스라엘 민족과 같이
아직도 수많은 나라와 영혼들이 하나님을 섬기지 않고,
세상 풍속을 따라 하나님 목전에서 악을 행하고 있습니다.

각 나라와 민족의 큰 명절을 배경으로 삼고,
우상과 타락의 문화를 뿌리 내리게 하는
사단의 역사와 우상의 심각성을 알게 하시고 히스기야처럼,
하나님께 기도하며 하나님과 연합하여
하나님으로 부터 떠나지 않고, 모든 우상 문화를
복음의 문화로 회복 할 증인으로 나를 불러 주심 감사합니다.

앗수르 185,000의 군대와 같은 갑작스럽고, 당황할 수 밖에 없는
문제 속에서도 믿음이 흔들리지 않게 나를 보호 하시고,

강단의 말씀을 절대로 놓치지 않고 하나님의 참된 능력을 누리는
기도의 비밀 가운데 서게 하사, 그 모든 군대를 멸하신
하나님의 역사와 증거를 내 가문과 가정과 직장과 모든 현장에서
보게 하시옵소서.

불신앙과 염려로 인해 나의 영혼과 정신과 몸에 오는
많은 어려움들을 겪지 않도록 24시간 하나님과 함께하며
하나님의 능력을 누리는 기도를 회복하게 하시고,
매일마다 짧은 시간이라도 모든것을 내려 놓고
오직 하나님을 향해 집중하는 기도의 힘을 회복하게 하시옵소서.

이제 새로운 은혜와 축복과 힘을 준비하시고 아직도
복음을 깨닫지 못하고 무너져 가는 현장과 영혼을 보게하사
이 지역과 현장을 품게 하신 하나님 창대교회와
모든 성도들에게 히스기야를 도왔던 영적 사실을 누리는
믿음과 기도를 회복하게 하사, 앗수르 군대와 같은
멸망 직전에 있는 사람을 살릴 수 있게 하시옵소서.

우리를 도우시는 하나님께서는 강하시니 그 힘으로
날마다 승리하고 맡겨주신 직분을 따라 가장 신실하게
영혼과 현장을 돌보며 1만 교회를 일으키는 주역으로
인도하시옵소서.

나의 힘이 되시는 예수 그리스도 이름으로 기도드립니다. 아멘.

2013. 2. 10 주일 말씀 기도문

# 참된 나를 발견하는 세 가지 타임
역대상29:10-19

다윗이 온 회중 앞에서 여호와를 송축하여 이르되 우리 조상 이스라엘의 하나님 여호와여 주는 영원부터 영원까지 송축을 받으시옵소서 여호와여 위대하심과 권능과 영광과 승리와 위엄이 다 주께 속하였사오니 천지에 있는 것이 다 주의 것이로소이다 여호와여 주권도 주께 속하였사오니 주는 높으사 만물의 머리이심이니이다(대상29:10~11).

서론. 성경의 모든 약속을 내 것으로 누리는 세 타임
 1) 시17:3 밤 시간-여호와께서 나를 감찰하시고
 2) 시5:3 아침시간-내가 아침에 주를 바라나이다.

1. 세상보다 더 크신 하나님
   1) 문제보다 크신 하나님이 함께
   2) 골리앗보다 크신 하나님이 함께

2. 세 가지 큰 응답
   1) 참된 응답이 발견된다
   2) 참된 사명을 얻게 된다

3. 참된 인생 스토리
   1) 다윗의 어린시절-실력과 비젼
   2) 다윗의 청소년 때-골리앗 앞에 도전
   3) 다윗의 청년 시절-왕이 될 준비

결론. 지체하지 말고 신속히 지금을 성공시켜라
 1) 오래전부터 준비되어 온 문제와 위기
 2) 오래전부터 준비되어 온 응답과 축복
 3) 복음말씀 각인, 1만교회, 300영접, 40일.

성경을 통하여 예수 그리스도를 보내신 하나님을 알고,
그리스도를 믿고, 그리스도를 누리며 그 안에서 하나님을 볼 수 있게
하시고, 이제 나의 삶의 통하여 하나님의 살아계심이 보여 지고,
예수가 그리스도 되심이 증거 되도록 나와 함께 하시고, 인도하시고,
역사하신 하나님께 감사를 드립니다.

성경 속 수많은 믿음의 사람들을 통해 보여주시고, 나타내신
하나님의 역사와 복음 안에 있는 체험의 증거들을 오늘 내가
나의 삶 속에서도 동일하게 체험하고, 누릴 수 있도록 말씀을 주신
하나님 이번 주 강단의 말씀을 통해 다윗이 다윗 될 수 있었던
세가지 시간의 비밀을 내 것으로 누리길 원합니다.
먼저 다윗이 사무엘을 통해 받았던 언약궤와 시대적 사명에 대한
메시지를 평생에 놓치지 않고 붙잡았던 것처럼,
내안에 세계 복음화를 위한 언약과 그 언약을 이루는 일에 대한
간절함과 사모하는 마음이 넘치게 하시고, 나의 삶과 모든 일의
목적이 24시간 그 방향을 향해 서기를 원합니다.
매일 밤마다 하나님께서 나를 인도 하심에 감사하고,
나를 가까이 하시고, 함께 하심을 깊이 누리며,
아침에 내 영혼이 내 소리를 들으시는
하나님을 간절히 바라게 하사 하나님으로 만족하고,
일생동안 즐겁고, 기쁘게 하실 것을 믿습니다.

지금도 하나님께서 나의 목자 이시며, 피할 바위와 산성이 되시고,
나의 왕이 되심을 믿습니다.
순간순간 예기치 않은 문제와 위기 앞에서도
문제보다 크신 하나님을 보게 하시고, 어둡고 악한 세상의 문화와
끊임없이 유혹하는 사단의 거짓 즐거움 앞에서도 밤과 아침의
깊고 높은 시간 속에서 세상보다 더 크신 하나님을 누리며,

세상의 쾌락을 뛰어넘는 복음의 행복에 취한
나의 날들을 살 것을 고백합니다.

이런 삶이 지금도 오늘도 내일도 지속되어 나를 향한
하나님의 숨겨놓았던 계획과 응답들이 하나둘 발견되게 하사
그 안에서 참된 꿈과 비젼을 찾고, 나의 사명을 발견하는데 까지
이르게 하시고 때마다 다가오는 문제와 시험을 이기는 참된 능력을
힘입게 될 것을 확신합니다.
하나님, 다윗의 인생 이야기를 보면서 오늘까지의
내 삶의 시간들을 돌아봅니다.

내가 중심을 두고 살아왔던 삶의 열매들을 보며,
남은 시간들을 복음과 전도와 선교와 후대와 교회를 위해 어떻게
살아야 할 것인가를 다시 한 번 다짐하는 지혜를 허락 하시옵소서.

저와 모든 성도들에게 은혜를 더하사 지금 당장 일어나지 않지만,
지금 행한대로 반드시 일어날 삶의 열매들을 응답과 축복으로
누릴 수 있도록 지체하지 말고 신속하게 헛된 삶을 버리고,
말씀, 기도, 전도 중심의 삶을 회복하게 하시옵소서.

오늘도 들은 복음과 마음의 결심이 쉽게 떠내려가지 않도록
더욱 주의하고, 숙고함으로 오직 복음을 각인하고
1만 교회를 세우는 일을 위해 70지교회를 감당하는 교회를 세우며,
300 영접운동과 나만의 40일을 지속하는 참된 응답의
증인들이 되게 하시옵소서.
내 인생 전체를 살리는 밤과 아침의 작은 시간을
찾게하신 예수 그리스도 이름으로 기도드립니다. 아멘.

2013. 4. 28 주일 말씀 기도문

# 신앙의 발판(하나님의주권)
## 역대상 29:10-14

우리 하나님이여 이제 우리가 주께 감사하오며 주의 영화로운 이름을 찬양하나이다 나와 내 백성이 무엇이기에 이처럼 즐거운 마음으로 드릴 힘이 있었나이까 모든 것이 주께로 말미암았사오니 우리가 주의 손에서 받은 것으로 주께 드렸을 뿐이니이다(대상29:13~14).


1. 하나님의 주권을 믿는 믿음에서 부터 모든 것이 시작됩니다.
   1) 하나님의 주권을 믿는다는 것은?
   2) 하나님께서는 믿음의 사람을 통해 일하십니다(사40:27-31, 사40:8)
   3) 하나님의 주권을 믿는 사람에게 일어나는 일-믿음의 역사(히11:1)

2. 먼저 각인, 뿌리, 체질된 불신앙부터 뿌리 뽑아야 합니다.
   1) 불신앙의 열매는 영원히 남습니다(아담 창3:6, 아브라함 창16:1-2)
   2) 교회의 불신앙은 시대의 재앙을 불러옴
      (바리새교회, 중세교회, 현대교회)
   3) 개인의 작은 불신앙과 큰 실패, 작은 믿음과 큰 승리
      (마27:25, 마17:20, 롬1:16)

3. 나는 어떤 신앙의 계보를 잇고 살아 가는가?
   1) 성경속에 믿음의 증인들의 계보(히11장, 초대교회 증인들, 롬16장)
   2) 교회사속에 믿음의 증인들(죠지뮬러, 18-19c 존웨슬리, 무디 등)
   3) 스스로(자신)의 믿음을 확증하라(고후13:5).

온 우주만물을 창조하신 하나님
위대하심과 권능과 영광과 승리와 위엄을 다 가지시고,
예정과 섭리와 작정하신 때를 따라 인류의 역사와
인간의 생사화복을 주관하시는 하나님 아버지께 감사드립니다.

하나님의 은혜로 오직 그리스도를 통한 믿음과 구원을 허락하시고,
하나님의 전능하심과 말씀이 살아 계심을 믿고 살아가게 하심에
감사드립니다.

그 믿음 안에서 참된 평안과 안식과 만족과 기쁨 기도 감사를 누리며,
하나님의 주권을 믿고, 순종하는 삶의 변화를 체험하고,
현장의 갈등과 분쟁을 치유하는 증인으로 서게 하심을 찬양합니다.

성경의 말씀과 지나온 역사를 보며 신앙과 불신앙의 결과를
분명하게 보여주신 하나님, 구원받은 성도와 교회가 오직
그리스도의 복음을 말하지 않을 때
얼마나 큰 실패와 재앙이 일어 나는지를 깨닫습니다.

그럼에도 아직 남아있는 나, 중심의 지극히 인간적인 생각으로
토기장이 되신 하나님의 예정하신 뜻과 섭리를 판단하고,
하나님께 반문하는 나의 모습들을 돌아보며 회개합니다.

오직 그리스도의 복음 안에서 믿음으로 살기를 부끄러워 하고,
교회들은 진리의 복음에서 떠나 통합 운동으로 변질되어 가는 이때에
언제나 믿음의 계보를 이어가는 순종의 자리에 서기를 원합니다.

죽음의 위기 앞에서도 오히려 반석과 같은 믿음을 회복하여 교회를
지키고 오직 성경과 그리스도 중심의 신앙을 지켰던
믿음의 선진들이 걸어간 승리의 길을 따라가기 원합니다.

나 자신의 입장과 처지에 매여 빼앗겨 버렸던 믿음의 자리를
회복하며 참된 신앙의 발판을 놓아 하나님께 영광을 돌리게 하시는
예수 그리스도 이름으로 기도드립니다. 아멘.

# 필연성 체험(참된 시작)
느헤미야 1:1-11, 사도행전 1:14

하가랴의 아들 느헤미야의 말이라 아닥사스다 왕 제이십년 기슬르월에 내가 수산 궁에 있는데 내 형제들 가운데 하나인 하나니가 두어 사람과 함께 유다에서 내게 이르렀기로 내가 그 사로잡힘을 면하고 남아 있는 유다와 예루살렘 사람들의 형 편을 물은즉 그들이 내게 이르되 사로잡힘을 면하고 남아 있는 자들이 그 지방 거 기에서 큰 환난을 당하고 능욕을 받으며 예루살렘 성은 허물어지고 성문들은 불 탔다 하는지라(느1:1~3).


서론. 세상이 해결 못하는 다섯가지 문제와 유일한 해답
 1) 창세전 문제-혼돈, 공허, 흑암(창1:2 – 창1:3)
 2) 근본문제-나, 육신, 성공중심(창3, 6, 11장 – 창3:15)
 3) 흑암정치, 경제, 문화(행13, 16, 19장 – 마16:16)

본론. 참된 시작-필연성 체험

1. 복음 안에서 문제의 당연성을 깨달은 자가 보는 현실
   1) 사람, 문제, 상황에 대한 바른 이해
   2) 실패와 갈등속에 있는 특별한 감사와 기도제목 발견

2. 복음 안에서 시대상황(문제)을 깨달은 자의 참된 시작(행1:8)
   1) 당연한 문제와 남은자들의 필연성(창39:1-3, 출3:1-22)
   2) 당연한 로마속국, 7번째 재앙과 초대교회(행1:8-행1:14)
   3) 3단체, 무슬림, 거짓 종교가 장악한 시대와 나의 필연성

결론. 지금 (나,가정,교회,현장,시대)을 위해 가장 필요한 것은
        무엇인가? (암8:11).

참되고 유일한 복음이 되신 예수 그리스도와
그 이름으로 믿는 자에게 성령을 부어주사 영원토록 함께 하시고,
인도하시고, 역사하시는 하나님께 감사드립니다.

오직 그리스도의 복음이 아니면 결코 소망이 없는
나를 깨닫게 하시고, 오늘 나의 현실과 시대의 상황을 보며
오직 복음만이 필요한 이유를 알게 하신 하나님께 감사드립니다.

이미 창세전부터 하늘에서 타락한 천사 곧 사탄의 활동을 따라
혼돈과 공허와 흑암의
역사 속에서 시작된 인생의 근본문제와 오래된 우상 문화의
바탕위에 세워진 가문과 가정의 전통 속에서 누구도 해결할 수 없는
멸망의 상태로 시작된 나의 인생입니다.

이처럼 허물과 죄로 죽었던 나, 태어난 것 때문에 죽어야 하고,
살아 있는것 때문에 지옥에 떨어져야 할
운명 가운데 놓였던 나를 구원 하신
하나님의 놀라운 사랑과 은혜를 깨닫게 하심에 감사합니다.

나를 향해 베푸신 그 사랑 안에서 오늘도 모든 문제와 사람과
상황들을 보게 하시고 누구도 핑계댈 수 없고 판단할 수 없는
당연한 이유를 깨닫게 하사, 오해와 갈등과 분쟁에 빠지지 않고,
지금 가장 필요한 것을 질문하며 기도할 기회를 얻게 됩니다.

오히려 실패와 갈등과 같은 문제와 나와 맞지 않은 사람들 속에서

성경의 증인들처럼 특별한 감사와 기도의 제목을 발견하고
동일한 문제와 갈등속에 빠진 세상과 사람을 이해하고
살리는 답을 찾게 하심에 감사드립니다.

그리스도 안에서 내게 주신 구원은 이제 소망없는 시대와
수많은 영혼을 살리는 증인으로 부르심 이라는 사실을 깨닫게 하사
오직 나, 육신, 성공 중심의 의식주 문제를 위한 기도를 넘어
갈등과 분쟁과 전쟁에 사로잡힌 후대와 교회와 시대를 향한
필연성을 찾는 기도가 시작되게 하옵소서.

오늘도 나 자신과 가정과 교회와 현장과 시대와 후대를 위한
성령의 충만함을 구합니다.

오직 성령의 충만함과 영적인 힘을 얻고 누리는
기도 속에서 가장 필요한 것을 보고, 가장 필요한 일에 헌신하는
증인되기를 원합니다.

오직 하나님나라 이루는 필연성을 찾게 하신
예수 그리스도 이름으로 기도드립니다. 아멘.

2016. 8. 21 주일 말씀 기도문

# 나라를 구한 기도의 사람

에스더 4:10-17

에스더가 하닥에게 이르되 너는 모르드개에게 전하기를 왕의 신하들과 왕의 각
지방 백성이 다 알거니와 남녀를 막론하고 부름을 받지 아니하고 안뜰에 들어가
서 왕에게 나가면 오직 죽이는 법이요 왕이 그 자에게 금 규를 내밀어야 살 것이라
이제 내가 부름을 입어 왕에게 나가지 못한 지가 이미 삼십 일이라 하라
(에4:10~11).

서론. 보이는 상황과 영적 상황을 함께 보라

본론.
1. 큰 위기 속에서 훌륭한 생각으로 큰 계획을 찾는 성도
  1) 상태를 볼 수 있는 눈이 있어야 합니다.
  2) 나라가 어려울 때 에스더의 선택(에2:8)
  3) 훌륭한 생각과 믿음의 도전

2. 악한 사람에게 속지 않을 수 있는 기도의 힘을 가져라(에4:13-16)
  1) 이유 있는 고집과 언약적 자존심을 가져라(에3:1-6)
  2) 철저한 계획을 가진 흑암조직(에3:7-11)
  3) 어떤 기도를 해야 할 것을 아는 성도

3. 기도하는 성도의 침착함과 나라를 살리는 판단(에5:1-7:10)
  1) 해야 할 말과 닫아야 할 말의 때를 아는 지혜
  2) 모든 상황을 여시는 하나님
  3) 악한자의 우둔함과 몰락(에5:9-14, 7:1-10)

결론. 성도를 위해 오래전에 준비된 응답(에8:1-8)
개인의 상황을 넘어 교회와 세계와 미래를 두고, 기도하게 하시는
하나님께 감사를 드립니다.

바벨론에 포로 되고, 성전은 불타고, 성벽은 무너져 버린
나라의 큰 위기 앞에서 훌륭한 생각을 가지고, 하나님께 기도하므로
큰 계획을 찾고, 믿음의 도전을 시작한 에스더와 모르드개 같이
교회와 시대와 후대의 상황을 살필 수 있는 지혜를 허락하시옵소서.
또한 교회 살리는 전도와 세계 살리는 선교와 미래 살리는
렘넌트 운동을 마음에 담고, 그 일을 위해 아름다움과
실력과 영력을 함께 준비하며 새로운 기도의 도전을 시작합니다.

사단은 지금 너무나 분명하고, 확실한 계획과 의도를 가지고,
교회와 시대와 후대를 무너뜨리기 위한 일들을 진행하고 있습니다.
두 눈이 뽑히고, 두 손 두 발이 쇠사슬에 묶여 바벨론에 끌려간
시드기야 왕과 이스라엘 백성같이 복음을 대적하는 문화와
온갖 재미와 쾌락과 육신의 만족을 주며 나와 우리 후대의
가슴을 빼앗고, 두 눈과 손과 발을 묶어 버렸습니다.

그리고 전도와 선교와 후대 살리는 일을 두고
잠시도 기도할 수 없게 그 일을 위해서는 잠시도 시간을 낼 수 없는
분주함과 조급함에 빠지게 하는 나의 시급한 영적 위기의 상황을
깨닫게 하시고, 전도(교회)와 선교(세계)와 후대를 위한
일사 각오의 기도를 회복하기 원합니다.

에스더와 같이 훌륭한 생각과 깊은 기도 속에서 해야 할 말과
하지 않아야 할 말의 때를 알게 하시고, 복음안에 있는 담대함과
하나님을 믿는 믿음 안에서 나오는 침착함으로 하나님께서
열어 가시는 상황을 보게 하시옵소서.

하나님 이 지역을 품고 이와 같이 기도합니다.

영적으로 하나님을 대적하는 문화와 모든 무지한 영혼들을
우상숭배의 자리로 이끌어 가는 행사를 주관하며
이 일에 앞장서는 우두머리들을 살릴 수 있는 힘을 허락하시옵소서.
또한 먼저 이들을 붙잡고 있는 사단,
귀신의 세력을 이기는 기도가 내 삶 속에서 회복되어 이미
우리를 위해 예비된 영적 부림절의 응답을 보게 하시옵소서.

특별히 이 나라를 위해 기도합니다. 새롭게 취임하는
박근혜 대통령과 모든 정사에 오른 일꾼들을 위해 기도합니다.
하나님께서 박근혜 대통령에게 은혜를 베푸시고, 에스더와 같이
하나님을 두려워하며 하나님을 만날 수 있게 하사
나라와 시대와 후대의 위기를 막고, 시대의 정치, 경제, 사회, 문화의
흐름을 주도해 가는 국가로 세워갈 수 있는 일에
쓰임 받게 하시옵소서.

새 학년으로 올라가는 모든 후대들을 더욱 축복하시고,
에스더와 같이 아름다움과 실력과 영력을 겸비하여 시대의 위기를
막을 후대 선교사로 자라가게 하시고, 나와 모든 중직자와
성도들이 교회와 선교와 후대 살리는 일을 위해 특별한
기도의 도전을 시작하는 날이 되게 하시옵소서.
오늘도 담임목사님과 모든 부교역자들에게 성령충만과 5력을
더하시옵소서.

교회를 사랑하고, 전도와 선교와 후대를 품고, 기도하는 나에게 모든
응답의 문을 여시는 예수그리스도 이름으로 기도드립니다. 아멘.

2013. 2. 24 주일 말씀 기도문

# 영적 정상을 누리는 아침기도
## 시편 5:1-12

여호와여 나의 말에 귀를 기울이사 나의 심정을 헤아려 주소서 나의 왕, 나의 하나님이여 내가 부르짖는 소리를 들으소서 내가 주께 기도하나이다 여호와여 아침에 주께서 나의 소리를 들으시리니 아침에 내가 주께 기도하고 바라리이다 주는 죄악을 기뻐하는 신이 아니시니 악이 주와 함께 머물지 못하며 오만한 자들이 주의 목전에 서지 못하리이다 주는 모든 행악자를 미워하시며 거짓말하는 자들을 멸망시키시리이다 여호와께서는 피 흘리기를 즐기는 자와 속이는 자를 싫어하시나이다(시5:1~6).


서론. 세 가지의 답을 가지고 기도하라
1) 왜 하나님을 믿어야 하는가(인간의 참된 행복)
2) 왜 예수 그리스도를 약속하셨나(운명, 재앙, 지옥권세)
3) 믿으면 어떻게 되는가(성령의 내주)

서론. 목동 다윗-영적써밋
　　1) 다른 힘을 가진 목동(시18편1-3)
　　2) 찬양할 때 악신이 떠나감(삼상16:23)

1. 탑(Top)에 올라가면 탑(Top)의 축복이 온다.
　　1) 사무엘을 만나게 됨(삼상16:1-13)
　　2) 누구도 부인할 수 없는 증거-5력(영력, 지력, 체력, 경제, 인력)

2. 아침기도의 힘은 나,현장,시대를 변화시킨다.
　　1) 여호와여 나의 심사를 통촉하옵소서(1)
　　2) 주의 의로 나를 인도하시고(8)
　　3) 아침에 내가 주께 기도하고 바라리이다(3)

결론. 영적정상을 향한 나의 결단
1) 아침의 사람  2) 복음의 사람  3) 최고 기도의 사람.

오늘도 하나님 앞에서 예배의 행복을 누리며 말씀의 행복을 누리고,
그 말씀이 내게 완전한 답으로 각인되도록 묵상하는 기도의 행복과
이 행복을 나누며 사람을 살리는 전도의 행복, 그리고 주님 오시는
날까지 이 행복을 전달할 후대와 제자의 행복과 기대 속에서
오늘도 나의 하루를 계획하고, 시작하고, 인도받기를 원합니다.

비록 작은 목동이었지만 이 행복을 누리는 다른 힘을 가진 다윗처럼,
매일 아침과 저녁마다 영적 정상의 자리를 누리며 하나님만으로
행복하고, 하나님께 영광을 돌리는 삶이 되게 하사, 흑암 세력과
악신이 떠나가고, 굴복하는 영적 전문성과 찬양을 누리길 원합니다.
무엇보다 내게 맡겨주신 일과 업 속에서 누구도 따라올 수 없는
최고의 전문성을 회복하여 이 지역에 도움을 주며,
국가와 시대를 살리는 일에 쓰임 받게 하시옵소서.

다윗처럼, 세상의 그 누구보다 더 영적 지도자를 소중히 여기는
중심을 허락하시고, 나를 위해 교회에 세워주신, 목사님과
이 시대를 이끌어가는 전도자와 통하는 내가 되게 하시고,
강단을 통하여 오늘도 내게 주신 말씀을 해답으로 붙잡고
이 말씀이 내게 완전히 각인 되도록 까지 묵상하여 최고의
성령 충만함을 누리는 기도의 정상에 서기를 원합니다.

이 속에서 내가 가는 모든 현장의 영적 세계를 장악하는 영적인 힘과
말씀과 묵상 속에서 나오는 올바른 판단과 건강과
경제의 축복과 만남의 축복을 누리며, 누구도 부인할 수 없는
이 힘과 증거를 가지고, 주어진 현장과
맡겨진 일과 함께하는 모든 사람까지 살리는 삶이 되게 하시옵소서.
하나님을 향해 온전히 집중하고, 나를 제물로 드리듯, 하나님께

나의 중심을 드리는 기도의 힘은 나와 현장과 시대를
변화 시킨다고 하신 하나님 먼저 나의 마음의 결단과
이 결단을 따라 움직일 수 있는 실천력을 더하사
하루의 첫 시간을 정복할 수 있는 힘을 얻게 하시옵소서.

최고 복음의 사람, 최고 기도의 사람, 최고 교회 헌신의 사람과
전도헌신의 사람으로 거듭나도록 오늘도 나의 영적 정상을 향한
새로운 결단과 도전을 시작합니다.

모든 성도와 우리 후대가 함께 이 결단과 정상의 체험을
누리게 하시고, 말씀과 기도와 전도 속에서 전도자의 삶을
체험하는 한주 한해가 되게 하시옵소서.

한주간도 전국과 전 세계의 목사님들과
장로님들을 축복하셔서 함께 모여 기도할 때 이 시대에 참된
복음의 권위를 회복하고, 무너진 교회의 정체성을 회복하며
전 세계의 미자립교회가 살아나고, 진정한 1만 교회운동이
일어나게 하시옵소서.
모든 총회신학교의 신학생들과 창대교회 부교역자들에게
이 은혜 더 하시고, 한 주간 출타중인 담임목사님의 사역과
현장에 함께 하시고, 더욱 교회를 위해 기도하며 지역을 위해
기도에 힘쓰는 자 되기를 원합니다.

나의 생명, 나의 행복, 나의 힘이 되신
예수 그리스도 이름으로 기도드립니다. 아멘

2013. 3. 17 주일 말씀 기도문

# 하나님의 (부활) 능력을 체험하는 예배
시편 103:1-22

내 영혼아 여호와를 송축하라 내 속에 있는 것들아 다 그의 거룩한 이름을 송축하라 내 영혼아 여호와를 송축하며 그의 모든 은택을 잊지 말지어다 그가 네 모든 죄악을 사하시며 네 모든 병을 고치시며 네 생명을 파멸에서 속량하시고 인자와 긍휼로 관을 씌우시며 좋은 것으로 네 소원을 만족하게 하사 네 청춘을 독수리 같이 새롭게 하시는도다(시103:1~4).


서론. 부활의 능력을 누리는 성도(고전15:1-22)

1. 성경 말씀의 능력으로 각인하라(딤후3:14-17)
   1) 예수 그리스도 안에 있는 믿음과 구원의 지혜
   2) 참된 교육-하나님의 감동, 교훈, 책망, 바름, 의로움
   3) 온전케 하는 말씀-온전함, 선한행실

2. 다윗의 예배(말씀, 기도, 전도)
   1) 참된 자신을 알고 모든 것을 드려 예배하라(시103:1, 14-16)
   2) 자신에게 베푸신 은혜를 감사하라(103:2-5)
   3) 교회를 통해 베푸시는 구원의 은혜를 감사(시103:7-14)

3. 말씀을 따라 사는 자가 받는 응답
   1) 말씀을 아는 자가 아닌, 말씀을 따라 행하는 자가 되라(18)
   2) 영원부터 영원까지, 자손의 자손에게 까지 이르는 축복(17)
   3) 분명하고, 확고하고, 영원히 변함이 없는 축복의 보장(19)

결론. 하나님의 능력이 실현되는 영적비밀(103:20-22).

성경대로 오시고, 성경대로 죽으시고, 성경대로 부활하셔서
그리스도의 일을 이루신 예수를 믿음으로 구원 얻게 하시고,
그 안에서 부활의 첫 열매가 되신 그리스도와 연합되어
영원한 소망을 갖게 하사 부활의 능력, 생명의 능력 안에서
살게 하신 하나님께 감사드립니다.

하나님 매일마다 성경 말씀을 즐거워 하며 성경을 묵상할 수 있는
힘 얻기를 기도합니다.
성경을 통해 예수 그리스도 안에 있는
믿음과 구원의 지혜가 풍성하게 하시고, 나의 마음이 말씀을 힘입고,
말씀으로 교훈을 삼으며 날마다 말씀의 지도를 따라 온전함과
선한 일을 행할 능력을 얻게 하시옵소서.

다윗이 누렸던 예배와 하나님의 말씀과 은혜를 사모하는
중심을 닮기 원하며, 깊은 기도의 힘과 증인의 삶을
체험하길 원합니다.
이 시간도 나의 중심을 드리며 진실하고, 간절한 마음으로
하나님 앞에 모든 것을 드립니다.

십자가와 부활의 능력을 따라 베푸신 구속의 은혜를 감사합니다.
교회를 통해 허락하신 말씀과 성도의 교제 가운데 담아두신
한없는 은혜와 응답을 감사합니다.

예배 때마다 강단을 통하여 주시는 하나님의 음성 듣기를 원합니다.
내 생각과 기준과 경험을 완전히 내려 놓고, 오직 하나님의 음성을
듣게 하시며 말씀을 아는 자가 아닌 말씀을 따라 행하는

믿음을 얻게 하시고, 그 말씀 안에서 영원부터 영원까지
자손의 자손에게 까지 하나님의 인자하심을 누리게 하시옵소서.

변함이 없으신 하나님 약속하신 말씀을 분명히 이루시고
영원토록 그 뜻이 흔들리지 않으시는 하나님 하나님께 기도하며
예배할 수 있는 자녀의 신분 주심에 감사합니다.
풀과 먼지와 같은 나약한 나를 아시고, 영원히 변하지 않는 언약과
약속의 말씀을 주시사 깨닫고, 돌이키도록 오늘도 기다려 주시고,
부활의 축제 예배 가운데로 이끄심을 감사합니다.
이 놀라운 언약의 말씀과 하나님의 뜻을 강력하게 수종들고,
성취하는 주의 천사와 천군이 역사함을 믿습니다.

모든 성도와 중직자와 후대들이 날마다 생명의 말씀이 증거 되고,
아멘하는 자리에서 이와 같이 능력을 종들을 부리시는 하나님을
체험케 하시고, 부활의 능력과 생명의 역사로 흑암문화 정복하며
70지교회 70선교사를 세우고, 파송하며 3기업(복지, 문화, 선교적)의
실현으로 3단체 살리고, 미자립교회 살리는 1만교회 운동에
쓰임 받는 그리스도의 제자로 서게 하시옵소서.

지금 담임 목사님과 모든 부교역자님들과 그 가정에
부활의 능력으로 함께 하시고, 가시는 현장마다
생명건 롬16장의 제자를 붙여주시고
그 일에 나의 업과 삶과 가정이 쓰임받게 하시옵소서.
부활의 능력으로 함께 하시고, 나의 영원한 생명이 되신
예수그리스도이름으로 기도드립니다. 아멘

2013. 3. 31 주일 말씀 기도문

# 그리스도 안에서 나의 믿음을 확정하라

시편 57:6-11

그들이 내 걸음을 막으려고 그물을 준비하였으니 내 영혼이 억울하도다 그들이 내 앞에 웅덩이를 팠으나 자기들이 그 중에 빠졌도다 하나님이여 내 마음이 확정되었고 내 마음이 확정 되었사오니 내가 노래하고 내가 찬송하리이다(시57:6~7).

서론. 세상의 뉴스를 소식으로 듣는가, 하나님의 탄식으로 듣는가?

본론.
1. 구원 받은 성도의 세 가지 삶의 터
   1) 주 안에서 가정을 알아야 합니다
   2) 그리스도 안에서 교회를 알아야 합니다(마16:16-18)
   3) 세상을 알아야 합니다(창1:27-28)

2. 삶의 중심을 어디에 두고 살아 가는가?
   상태에 따라 모든 것이 바뀐다
   1) 반복되는 갈등과 문제는 없습니까
   2) 가정(육)중심, 교회(영)중심, 세상(돈)중심
   3) 반드시 말씀중심, 기도중심, 전도중심 되어야 합니다.

3. 무엇보다 먼저 교회로 부름 받은 나를 확정해야 합니다-오직
   1) 하나님께서 영세 전에 택하시고 이곳에 나를 부르심(렘1:5)
   2) 부르심에 대한 이유를 확정해야 함(행9:15, 행9:4-5, 롬8:30)
   3) 그때 살아가야 할 분명한 이유가 확정됩니다.

결론. 나를 시험하고 나를 확증(증명)하라(고후13:5, 시57:8-10)
 1) 하나님 앞에서 확증하라  2) 가정과 교회와 현장 앞에서
 3) 다섯지교회-개척, 현장, 복지, 문화, 전문지교회.

전 세계에서 이혼과 자살율이 최고인 나라 그만큼 참된 행복과
소망없이 무너져 버린 가정들 자녀들 우리들의 현실입니다.

또한 세계와 한국의 교회들은 힘이 없어 스스로 서기조차 힘들고
교회 내에는 수많은 갈등과 분쟁으로 분열을 맞고,
복음의 유일성을 지켜낼 힘을 잃어 버린지 오래입니다.

가정과 교회에서 쉼과 답을 얻지 못하고, 만족을 얻지 못한 수많은
사람들이 살아가는 삶의 현장은 전쟁터와도 같고, 모든 계층 분야와
현장은 하나님을 모르고, 대적하는 흑암의 문화로 물들어 있습니다.

오직 육신의 정욕과 쾌락을 향한 갈증과 오래갈 수 없는
잠시의 성공을 위해 인생 전체를 걸고, 살아가고 있습니다.
이 소식이 하나님의 탄식으로 들려지기를 원합니다.

내게 주어진 구원의 축복 속에서 살아가야 할 삶의
큰 세가지 터를 주신 하나님께 감사를 드립니다.
주안에서 서로를 보며, 순종하고, 사랑하고, 공경하고, 양육하여
믿음의 가정을 세우고, 그리스도의 고백과 그 믿음의 터 위에서
그리스도를 머리로 삼고 각각의 직분을 따라 그의 몸된 교회를
세우신 하나님, 그 안에서 다스리고, 정복할 삶의 터를 주심으로
이 자리에 섰습니다.

가정과 교회와 살아가는 삶의 현장에 피할 수 없는 갈등과 반복되는
어려움과 문제들이 많습니다. 그러나 하나님 내게 참된 믿음을

더하사 모든 삶의 틀과 체질이 복음 중심되게 하사
그 힘과 그 은혜로 가정과 현장을 다스리고 정복하게 하시옵소서.
오직 말씀과 기도와 전도의 중심을 잃어 버리지 않게 하시옵소서.

세상을 치유하고 살릴 답을 교회에 주신 하나님, 나를 택하시고,
이곳에 부르심을 감사합니다. 전도, 선교, 후대, 문화 회복이라는
시대적 사명과 하나님의 요청 앞에서 나의 믿음을 확정케
하시옵소서. 또한 하나님 앞에서 참된 나를 찾고 가정과 교회와
현장 앞에서 부끄럽지 않은 나를 확증하는 신앙이 되게 하시옵소서.

아직도 답을 몰라 방황하고 무너져 가는 영혼이 기다리는
황금어장을 보고 내가 있는 이곳에 하나님의 소원 있음을 믿고,
생명의 깃발을 들게 하시고, 어렵고 가난한 자를 진심으로 품을
시스템과 부담 없이 많은 사람에게 참된 복음의 내용을 전하고,
영적인 갈등과 문제에 빠진 전문인을 살리는 일만교회 운동의
주역으로 나와 내 가정과 교회와 삶을 사용해 주시옵소서.

확정된 내 마음과 믿음을 받으시고, 내 영혼으로 노래하고 찬송하며,
주의 영광이 온 세계에 높아지도록
내게 주신 믿음을 모든 현장에 확증하고 증명해 보이도록
나를 이끄시는 살아계신 예 수 그리스도 이름으로 기도드립니다.
아멘.

2013. 9. 8 주일 말씀 기도문

# 나의 각인 치유(참된 치유)
## 시편 23:1~6

여호와는 나의 목자시니 내게 부족함이 없으리로다 그가 나를 푸른 풀밭에 누이
시며 쉴 만한 물 가로 인도하시는도다 내 영혼을 소생시키시고 자기 이름을 위하
여 의의 길로 인도하시는도다 내가 사망의 음침한 골짜기로 다닐지라도 해를 두
려워하지 않을 것은 주께서 나와 함께 하심이라 주의 지팡이와 막대기가 나를 안
위하시나이다(시23:1~4).


사탄이 준 것(12가지)로 각인된 세상과 나(엡2:1-3)

1. 세가지 근본문제-사탄의 올무
   1) 창3:1-6 사탄의 것-내가 하나님처럼(불순종-타락과사망)
   2) 창6:1-7 육신중심-내가 좋아하는 것 (네피림-홍수심판)
   3) 창11:1-9 성공중심-우리 이름을 내자(바벨탑-무너지고 흩어짐)

2. 세가지 문화-사탄의 함정
   1) 행13:4-12 정치인-무속인에게 붙잡혀(흑암정치)
   2) 행16:16-21 경제인-점술인에게 의지해(흑암경제)
   3) 행19:23-41 지역사회-신전과 우상문화(흑암문화)

3. 여섯가지 개인상태-운명의 틀
   1) 요8:44, 엡2:1 마귀자녀, 허물과 죄로 죽음
   2) 출20:4, 엡2:2 나를 위하여 새긴 우상
   3) 마11:28, 막5:1-10 모든 것이 짐, 정신병
   4) 신28장, 마8:14-17 삶과 육신문제
   5) 히9:27, 눅16:19-30 죽음과 지옥(심판)
   6) 출20:4-5, 마27:24 반드시 후대에게 대물림.

참된 생명과 치유의 복음을 주신 하나님께 감사드립니다.
모든 일과 사건 속에서 복음이 믿어지는 것이 참된 치유라는
사실을 보게 하심 또한 감사드립니다.

가장 먼저 나 자신의 상태를 인정하고, 복음의 말씀 안에서
신앙의 본질을 치유하고, 회복하는 시간표를 허락하사
하나님의 뜻과 멀리 있던 나의 삶이 하나님께서
원하시는 자리로 나아갈 수 있도록 이끌어 주심에 감사드립니다.

사탄의 것으로 물든 세상과 그 풍속을 따라 살아 온
나를 깨닫게 하시고, 이미 나, 육신, 성공 중심으로 피할 수 없는
사탄의 올무에 잡혀 하나님의 진노를 쌓아 올리던 삶을 복음 앞으로
돌이켜 세워주신 하나님을 찬양합니다.

하나님을 떠나 죄와 사탄과 지옥 배경 아래서 나를 지키고,
육신의 즐거움과 세상 성공을 위해 오랫동안 사람들이
이루어 놓은 정치 경제 사회의 구조와 그 속에 조용히 자리 잡은
무속과 점술과 우상 문화와 사탄의 함정에 빠진 시대입니다.

나 잘되는 길이라면 영혼도 팔고 내 육신의 즐거움과 쾌락을 위해서는
하나님의 진노하심도 두렵지 않으며
성공하는 길이라면 그것이 무엇이든 지간에 할 수 있다고 합니다.

이렇게 살아서는 안 된다는 것도 결국에는
죽는 다는 것도 알지만, 반복되는 어려움과 고통 속에서도

나에게 만큼은 이번 만큼은 될 것이라는 허황된 소망의 줄을
놓치 못하는 운명의 틀에 놓인 채로 다람쥐 쳇바퀴 도는
운명의 12고개 속 인생입니다.

이 속에서 배우고 익히고 살아 온 나의 각인과 뿌리와
체질을 치유하고, 새롭게 하는 집중의 시간을 갖게 하심에
감사드립니다.
오직 복음의 말씀만이 사탄의 올무와 함정과
운명의 틀에서 교육된 나를 새롭게 하심을 믿습니다.

아직도 나 중심의 신앙의 올무와 함정에서 벗어나지 못하고,
나만의 신앙의 틀을 깨트리지 못한 채로 내게 맞는 말씀과 은혜만을
구하는 종교인처럼 복음을 막는 자리에 서 있는 나의 상태를
완전복음으로 치유하고 치유의 증인으로 서길 원합니다.

복음의 말씀으로 답을 얻고 힘을 얻는 예배와 한마디라도
말씀의 은혜를 나누는 성도의 교제와 말씀 성취의 증인으로
나를 세워주신 예수 그리스도 이름으로 기도드립니다. 아멘.

# 복이 있는 사람
시편1:1-6

복 있는 사람은 악인들의 꾀를 따르지 아니하며 죄인들의 길에 서지 아니하며 오만한 자들의 자리에 앉지 아니하고 오직 여호와의 율법을 즐거워하여 그의 율법을 주야로 묵상하는도다 그는 시냇가에 심은 나무가 철을 따라 열매를 맺으며 그 잎사귀가 마르지 아니함 같으니 그가 하는 모든 일이 다 형통하리로다 악인들은 그렇지 아니함이여 오직 바람에 나는 겨와 같도다 05그러므로 악인들은 심판을 견디지 못하며 죄인들이 의인들의 모임에 들지 못하리로다(시1:1~5).


서론. 복 있는 사람, 복 없는 사람

1. 믿음의 용기를 가져라
   1) 불신앙자의 공격을 두려워 할 것 아니다(삼상18:6-16)
   2) 문제 아닌 것에 지나치게 집착하지 말라(삼상17:1-11)
   3) 하나님의 능력을 믿는 다윗의 중심(삼상24:6-7)

2. 여론을 따라 움직이지 말라
   1) 여론을 만드는 자리에 서지 말아라
   2) 골리앗 앞에서는 벌벌 떠는 사람들(삼상17:23-24)
   3) 교회와 나라를 어지럽히는 여론을 피하라

3. 복 있는 사람은 불신앙자의 말을 두려워하지 않아
   1) 이미 목동으로 있을 때 응답을 받은 사람(삼상16:1)
   2) 여호와의 신으로 충만(삼상16:13)
   3) 잠시의 어려움을 두려워하지 않는 성도(삼상17:31-40)

결론. 참된 축복을 사모하라.
1) 복 없는 사람  2) 복 있는 사람  3) 복 받는 사람(시2편).

완전한 복음이요 참된 복이 되시는 예수 그리스도 이름 안에서
나를 하나님 자녀 삼으시고, 완전한 복을 부어주신 하나님께
감사와 찬송을 올려 드립니다.

매 순간 마다 복음 가진자의 기도가
얼마나 큰 힘이 있는지를 알게 하시고. 하나님의 손의
도우심을 누리는 기도 속에 있도록 나를 이끌어 주심에 감사합니다.

나를 복 있는 사람으로 불러 주신 하나님 악인의 꾀에 빠지지 않고,
죄인의 길에 서지 않으며, 오만한 자의 자리에 앉지 않도록 날마다
말씀 안에 있는 지혜와 말씀을 따라가는 삶의 비밀과 말씀안에 있는
참 성공을 보게 하시옵소서.

어떤 불신앙자의 공격에도 두려워하지 않을 믿음의 용기를 갖게
하시고 문제 아닌것에 집착하며 삶을 낭비하지 않게 하시고,
모든 것 그 뜻대로 행하시는 하나님의 주권과 능력을 믿고
하나님께서 세우시사 내 앞에 두신 사람을 향한
하나님의 뜻을 볼 수 있는 눈을 열어 주시옵소서.

순간마다 만나는 갈등 속에서 복음안에 있는
참된 나를 발견하고, 점검할 수 있도록 인도하시고,
많은 사람들의 말 속에서 내가 갱신할 때를 보게 하시며,
현장의 문제 속에서 하나님의 계획을 보는 지혜를 누리길 원합니다.

영적인 사실과 복음의 능력을 알지 못하고 믿지 않는
많은 사람들의 말과 틀린 여론이 난무하는 시대입니다.

하나님의 말씀을 믿지 않고, 교회와 국가를 어지럽히는 여론을
피할 수 있는 지혜를 얻도록 내 마음을 하나님의 언약의 말씀과
강단의 말씀으로 채우고, 순간마다 복음 안에서 생명을 걸어야 할
이유를 발견하는 삶이 되게 하시옵소서.

사울과 골리앗 같은 불신앙자의 말과 위협에 두려워하지 않은
다윗처럼 참된 인생의 답을 가지고, 주어진 삶의 자리에서
최선을 다하며 평상시에 하나님과 함께 함을 누리는 기도의 비밀과
24시간 성령의 충만함 속에서 잠시의 어려움도 두려워하지 않는
믿음의 담력을 얻고, 나 자신과 만남과 가정과 일과 지역 속에서
오직 복음을 누리게 하소서.

오늘도 복음 안에서 이미 나에게 주어져 있는 참된 축복을
생각해 봅니다. 참된 성공자는 복음을 위해 자신의 오늘을
드릴 수 있는 삶이 준비 된 사람임을 믿습니다.

참된 복을 모르고, 거짓 성공에 매인 현장을 부러워하지 않게
하시고 저 현장을 살릴 사실적이고, 구체적인 증거를 준비하며,
날마다 하나님께 피하는 지혜를 누리게 하시옵소서.

과거에도 나의 목자가 되시고, 나를 인도하셨고,
지금도 그렇게 하시며 남은 인생 또한 그렇게 인도 하시사
나와 창대교회와 이 교회에 속한 모든 성도의 삶과
영원토록 영광을 받으실 예수 그리스도 이름으로 기도드립니다.
아멘.

2013. 3. 3 주일 말씀 기도문

# 나의 영원체험(최고의 시간)
전도서 3:9-15

일하는 자가 그의 수고로 말미암아 무슨 이익이 있으랴 하나님이 인생들에게 노고를 주사 애쓰게 하신 것을 내가 보았노라 하나님이 모든 것을 지으시되 때를 따라 아름답게 하셨고 또 사람들에게는 영원을 사모하는 마음을 주셨느니라 그러나 하나님이 하시는 일의 시종을 사람으로 측량할 수 없게 하셨도다 사람들이 사는 동안에 기뻐하며 선을 행하는 것보다 더 나은 것이 없는 줄을 내가 알았고 사람마다 먹고 마시는 것과 수고함으로 낙을 누리는 그것이 하나님의 선물인 줄도 또한 알았도다(전3:9~13).


서론. 착각 속에서 살아가는 사람들(전1:1-18, 잠23:25)

본론. 영원한 응답은 오늘 속에 있습니다
1. 영원 속에 있는 오늘(행1;14, 2:1-3, 42, 롬16:1-27)
   1) 영원한 것을 먼저 생각하라-영적 사실
   2) 영원히 남는 것을 심어라-오직 복음과 믿음
   3) 영원히 남을 것을 위해 오늘을 드려라-참된 헌신

2. 반드시 체험하고 누려야 하는 오늘의 응답
   1) 24시의 기도-모든 것을 보는 눈이 달라져(창45:5, 사40:31)
   2) 25시의 기도-하나님의 시간표, 하나님 능력(창39:1-5)
   3) 영원의 응답-영원한 것이 보여(행1:8, 요8:55-59)

결론. 매일 하루에 한 시간만-정시기도(창24:63, 단6:10)
 1) 하나님 자녀의 신분-복음의 이유와 구원의 감사
 2) 하나님 자녀의 권세-12가지 문제를 해결.

그리스도 안에서 참되고, 영원한 것을 사모하는 마음을 주신
하나님께 감사드립니다.

하나님과 함께 함으로 그의 말씀 안에서 온 땅에 충만하고,
만물을 다스리고, 정복하므로 하나님께 영광을 돌리는
거룩한 예배자로 사람을 지으신 하나님을 찬양합니다.

범죄 함으로 영원한 축복을 상실한 채 나 중심으로 눈에 보이는
육신의 일과 세상의 수고에 매여 진저리나는 노력과
열심을 다하여도 진정한 안식과 만족을 찾을 수 없는
인생의 한계 속에서 살아 온 나를 돌아봅니다.

잠시의 즐거움과 쾌락이 영원 할 것처럼 기뻐하고,
잠시의 문제와 어려움이 영원 할 것처럼 절망하면서
이 땅 어디에도 없는 인생의 만족을 찾아 방황하던
나를 찾아주신 하나님.
그리스도를 주신 하나님의 사랑과 그 은혜를 따라
오늘도 나와 함께 하시는 성령 안에서
참되고, 영원한 복음을 누리게 하심에 감사드립니다.

이미 하나님을 모르는 영적인 죽음과 재앙 가운데 있을 때부터
나를 아시고, 그리스도 안에서 나를 자녀로 거룩한 성전으로
아름다운 교회로 나타내신 하나님.
나의 오늘이 영원한
하나님의 나라를 이루는 일 속에 있음을 믿습니다.

언제나 영원한 것을 먼저 생각하고, 영원한 것을 심고, 영원히 남는
것을 위해 나의 오늘을 드리는 참된 헌신속에 살아 가기를 원합니다.

오직 복음을 위한 전도자의 보호자요, 동역자요, 식주인이요,
복음을 위한 수고와 사랑에 동참 하기를 원합니다.

참 복음을 누리는 기도의 행복 속에서 오늘을 보는 눈이 새로워지고,
하나님의 능력과 보좌의 축복을 삶의 모든 자리에서 누리며
오직 전도와 선교 속에서 영원한 하나님의 것을 찾고
보게 하시니 감사합니다.

언제나 나를 위해 모든 것을 채우시는 하나님 앞에서
나의 찬양이 부족함을 고백합니다.

날마다 교회와 그리스도 안에서
내게 주신 자녀의 신분과 권세를 누리는 예배자요
건강한 기도의 사람으로 서기를 원합니다.

나의 오늘을 영원한 하나님의 나라와 통하게 하신
예수 그리스도 이름으로 기도드립니다. 아멘.

2016. 10. 30 주일 말씀 기도문

# 준비된 부흥과 응답(새로운 도전과 갱신)
## 이사야 62:1-12

나는 시온의 의가 빛 같이, 예루살렘의 구원이 횃불 같이 나타나도록 시온을 위하여 잠잠하지 아니하며 예루살렘을 위하여 쉬지 아니할 것인즉 이방 나라들이 네 공의를, 뭇 왕이 다 네 영광을 볼 것이요 너는 여호와의 입으로 정하실 새 이름으로 일컬음이 될 것이며 너는 또 여호와의 손의 아름다운 관, 네 하나님의 손의 왕관이 될 것 다시는 너를 버림받은 자라 부르지 아니하며 다시는 네 땅을 황무지라 부르지 아니하고 오직 너를 헵시바라 하며 네 땅을 쁄라라 하리니 이는 여호와께서 너를 기뻐하실 것이며 네 땅이 결혼한 것처럼 될 것임이라(사62:1~4).

서론. 보좌화의 응답 24-나의 보좌화 24, 교회의 보좌화 24,
　　현장에 보좌화 전달24
1. 하나님이 시작하신 교회의 원년멤버(사61:1-11)
　　1) 걸어온 30년의 원년 1세대(행1:14, 2:1-47, 롬15:1-6)
　　2) 걸어갈 30년의 원년 차세대(행6:1-7, 11:19, 롬16:1-20)
　　3) 완성될 복음화의 원년 렘넌트(행16:1-5, 롬11:4-5, 16:25-27)

2. 준비된 부흥과 응답(사62:1-12)
　　1) 받은 것-가진 것을 누림(롬16:25)
　　2) 받을 것-위엣 것을 누림(롬16:26)
　　3) 남길 것-영원한 것을 누림(롬16:27)

3. 새로운 도전과 갱신(사62:1-12) - 문제, 갈등, 현실, 위기, 응답 앞
　　1) 올바른 상태와 그릇-나의24(행1:14,2:42, 6:3-6)
　　2) 올바른 선택과 이유-교회24(행2:42-43)
　　3) 올바른 방향과 작품-현장24(행2:43-47)

결론. 아무도 안 가는 길을 선택하라(창37:11, 삼상17:29, 행20:24).

"1,2,3,RUTC응답"의 시대적 흐름을 따라 복음화의 흐름속에
함께하는 교회로 2021년을 인도하시고, 응답24의 언약 안에서 준비된
부흥과 응답을 향해 새로운 도전과 갱신의 원년을 여신
하나님께 감사드립니다.

하나님이 시작하신 창대교회의 지난 30년의 여정을 섬겨 온
원년세대와 걸어갈 30년의 원년 세대를 통해
세계복음화의 원년을 이룰 다음 세대를 준비하는 일에
원 팀(한 뜻,마음,입)을 이루는 원년을 주심에 감사합니다.

그 동안의 경험과 역사가 차세대의 발판으로 놓아 지도록 한 뜻
한 마음 한 입을 누리고, 복음의 당연, 필연, 절대를 보며
세상것 부러워, 두려워, 우스워 말고 제자에서 제자로 이어지는
교회로 서게 하옵소서.

참된 부흥과 응답을 미리 준비하신 하나님 먼저 복음 안에서
받은 것을 정리하고, 교회를 중심으로 받을(위의) 것을 향하는 기도와
다음 세대를 위해 남길 것을 향해 날마다 도전하고,
갱신하는 해가 되길 원합니다.

온 교회와 현장과 후대를 지키는 파수꾼으로 나를 세우신 하나님
어떤 순간에도 올바른 선택을 할 수 있는
믿음으로 충만한 영적상태, 감사로 충만한 마음상태,
성령으로 충만한 몸 상태를 유지하고, 날마다 복음과 교회와 전도와
후대와 237을 위한 선택을 하게 하옵소서.

우리 교회에 주신 237교회운동의 길을 함께 열어갈 5팀으로
목회자, 중직자, 후대와 부교역자를 살리고
70현장을 보는 70인으로
아무도 가지 않는 24시(아침 낮 밤)의
길을 걷는 남은자, 순례자, 정복자로
지금도 나를 도전 갱신하게 하시는
예수 그리스도 이름으로 기도드립니다. 아멘.

인생작품의 증인으로
# 후대 앞에
서게 하옵소서

# 준비된 부흥과 응답(나,교회,현장)
## 이사야 62:1-12

나는 시온의 의가 빛 같이 예루살렘의 구원이 횃불 같이 나타나도록 시온을 위하
여 잠잠하지 아니하며 예루살렘을 위하여 쉬지 아니할 것인즉 이방 나라들이 네
공의를 뭇 왕이 다 네 영광을 볼 것이요 너는 여호와의 입으로 정하실 새 이름으로
일컬음이 될 것이며 너는 또 여호와의 손의 아름다운 관 네 하나님의 손의 왕관이
될 것 다시는 너를 버림 받은 자라 부르지 아니하며 다시는 네 땅을 황무지라 부르
지 아니하고 오직 너를 헵시바라 하며 네 땅을 쁄라라 하리니 이는 여호와께서 너
를 기뻐하실 것이며 네 땅이 결혼한 것처럼 될 것임이라(사62:1~4).


서론. 준비된 부흥과 응답의 근거(사62:1-12)

1. 받은것(가진 것)-성삼위 하나님의 배경(롬16:25, 사62:1-5)
   1) 나에게 주신 것-WITH(행1:1) 그리스도, 교회
   2) 교회에 주신 것-임마누엘(행1:3) 1세대, 차세대, 렘넌트
   3) 현장에 주신 것-원네스(행1:8) 가정, 산업, 237의 문

2. 받을것(위엣 것)-보좌의 축복9가지(롬16:26, 사62:8-9)
   1) 나의 보좌화-5력의 증인-오직
   2) 교회 보좌화-5빛의 경제-유일성
   3) 현장 보좌화-5서밋 모델-재창조

3. 남길것(영원한 것)-3시대(롬16:27, 사62:11-12)
   1) 제자-70제자, 70현장, 70나라
   2) 교회-3학교(이방인, 치유, 후대의 뜰)
   3) 그릇-3기업(플랫폼, 파수망대, 안테나)

결론. 지속적 부흥과 응답의 길.

온 세계와 만물을 통치하시고,
그리스도의 피로 세우신 교회를
다스리시는 하나님 237복음화를 위한
하나님의 계획과 뜻을 따라 세우신
교회와 함께 받은 것을 돌아보고,
받을 것과 남길 것을 생각하게 하심에
감사합니다.

성삼위 하나님의 배경 안에서 내게 주신 구원과
하나님과 함께 하는 WITH의 비밀
교회에 주신 우리가 하나 된 임마누엘의 축복으로
주어진 삶과 모든 것이 237향한
원네스를 이루는 길임을 봅니다.

이 속에서 또한 하나님께서 준비하신 것 받을 것을
말씀으로 보게 하신 하나님.
어떤 순간에도 나를 하나님 앞에 세우는
예배를 중심으로 확정된 삶을 통해 5팀과 5력을 누리는
나의 보좌화를 약속으로 받습니다.

참된 예배의 기쁨과 영적 즐거움을 가진 자에게 교회는
모든 빛의 경제를 누리는
보좌의 통로가 되고,
가는 곳마다 주어진 모든 사람과 일을 살리는
현장의 보좌화를 준비하신 하나님을 찬양합니다.

우리에게 주어진 오늘은 내일과 다음 세대를 위해
남길 것을 준비하는 시간으로
참 복음과 강단의 말씀으로
충분함을 누리는 70인 제자,
70현장을 살리는 중직자,
70개 나라와 237-5천의 문을 열어가는
후대와 부교역자를 세우길 원합니다.

또한 전 세계 237-5천을 담고 치유하고,
서밋을 일으키는 교회를 남기고,
우리의 모든 것이 주님 오시는 날까지,
이 복음운동을 지속할 플랫폼으로 치유하고
소통할 파수망대와 영적안테나의
시스템이 되게 하옵소서.

참된 부흥과 응답은 오직 복음과 교회를 위한
손해와 내게 맞지 않은 선택을 할 수 있는 자들을 통해
지속됨을 깨닫게 하신
예수 그리스도 이름으로 기도드립니다. 아멘.

# 세계를 움직이는 교회(참된 유일성의 증인)
이사야 60:1-22, 사도행전 1:1-8


일어나라 빛을 발하라 이는 네 빛이 이르렀고 여호와의 영광이 네 위에 임하였음
이니라 보라 어둠이 땅을 덮을 것이며 캄캄함이 만민을 가리려니와 오직 여호와
께서 네 위에 임하실 것이며 그의 영광이 네 위에 나타나리니 나라들은 네 빛으로,
왕들은 비치는 네 광명으로 나아오리라(사60:1~3).


서론. 믿음이 회복 되어야 한다.
 1. 왕적인 믿음회복(요일 3:8)
 2. 제사장적인 믿음회복 (롬 8:2, 막 10:45)
 3. 선지자적인 믿음회복 (요 14:6)

본론.
1. 기도에 집중하라(마 6:33)
  1) 사 62:6-12 종일 종야에 하나님께서 기억하시게 하는
     기도를 집중해라.
  2) 행 3:1-6 정시기도를 회복하라
  3) 엡 6:13-18  무시기도를 회복하라
  4) 행 12:1-25 집중 기도를 회복하라
  5) 예배기도를 회복하라.

2. 말씀에 집중하라(히 4:12)
  1) 마 5:17-18 일점 일 획도 땅에 떨어지지 않고 성취될 말씀을 받아라
  2) 겔 37: 1-12 마른 뼈를 살리고 일으켜 하나님의 군대가
     되게 하는 말씀
  3) 창 1:1 창조의 능력이 나타나는 말씀

결론. 빛의 파수꾼-Camp
 1. 사 60:1-5 빛의 파수꾼  2. 벧전 1:9 빛을 선전하는 자
 3. 마 5:13-15 세상의 빛과 소금.

항상 나와 함께 하시고, 나를 인도하시고, 성령으로 역사하시는
하나님께 감사와 찬송을 돌려 드립니다.
한주간도 참된 교회의 사명이 무엇인줄 알고,
마지막 시대를 살아가는 성도의 참된 영적 준비와
무장을 할 수 있도록 인도하시며
성도와 목회자를 위해서 기도 하고, 모든 성도와 목회자의
사정을 알고 전하며, 그리스도를 변함없이
사랑하는 신실한 일군으로 나를 도전하게 하심을 감사드립니다.

2011년을 시작하면서 우리에게 주셨던 말씀을
다시 한 번 확인하고, 돌아보며 한 해 동안 걸어왔던
언약의 여정(말씀이 성취된 삶)을 살피고
또 새롭게 성취될 말씀을 받을 수 있도록
준비하는 시간을 갖고자 합니다.

혹 아직도 발견되지 않는 말씀의 응답이 있다면,
이번 주 말씀 중심으로 지난 한해를 돌아보며
하나님께 드릴 진정한 감사의 제목을 찾길 원합니다.

예수님을 그리스도(사단의 권세를 이기신 참 왕,
하나님의 말씀을 버린 죄로 말미암은 모든 죄와 저주 재앙에서
우리를 해방하신 참 제사장, 하나님을 만나는
구원의 유일한 길이 되신 참 선지자)로 믿는 믿음 안에서
기도와 말씀과 전도에 집중할 수 있도록 인도하신
하나님께 감사를 드립니다.

이 안에서 복음공동체를 이루는 예배를 실천할 수 있도록
인도하심 또한 감사를 드립니다.

이 믿음과 집중하는 전도자의 삶과 예배의 실천 가운데서
복음의 유일성에 대한 응답과 서론(율법, 신비, 인본주의)에
매이지 않고, 성령과 믿음과 지혜가 충만하여
칭찬듣는 성도가 되어 교회를 세우는 교회 유일성 응답과
무속과 점술과 우상에 묶인 현장을 살리는
현장 유일성의 증인으로 나를 세워 주심을 감사드립니다.

그 속에서 사도행전 2장의 역사(성령충만, 전도문, 말씀성취, 제자
현장변화)를 보게 하심을 또한 감사드립니다.

내게 남아있는 모든 육신적 동기와 잘못된 영적 계산과
미래걱정과 염려를 완전 내려놓습니다.
오늘도 참되신 하나님의 말씀만을 온전히 붙잡고
승리하게 하사 새롭게 다가오는
성탄감사 주일을 준비하게 하시옵소서.

오늘도 담임목사님과 모든 성도와 후대와
세계복음화를 위해 헌신하는 모든 교회와 전도자와 선교사님들과
저에게 5력을 더하여 주시옵소서.

말씀을 통해 완벽하게 나를 인도하시는
예수 그리스도 이름으로 기도드립니다. 아멘.

2011. 12. 18 주일 말씀 기도문

# 나의 인생 캠프를 발견하라

### 예레미야 33:1-9

예레미야가 아직 시위대 뜰에 갇혀 있을 때에 여호와의 말씀이 그에게 두 번째로 임하니라 이르시되 일을 행하시는 여호와 그것을 만들며 성취하시는 여호와 그의 이름을 여호와라 하는 이가 이와 같이 이르시도다 너는 내게 부르짖으라 내가 네게 응답하겠고 네가 알지 못하는 크고 은밀한 일을 네게 보이리라(렘33:1~3).


서론. 모든 성도가 누릴 캠프이다.
1) 나를 살리는 캠프-나의복음   2) 교회를 살리는 캠프-나의 것
3) 지역을 살리는 캠프-나의 현장
4) 후대를 살리는 캠프-나의 미래
5) 시대를 살리는 캠프-복음문화


본론. 약속의 말씀부터 붙잡으라(렘33:1-9)
1. 하나님의 방법-말씀(성취) 렘33:1
   1) 말씀을 주시고 그 말씀을 성취하시는 하나님(렘33:1, 딤후2:9)
   2) 철저히 말씀을 따라 가라(수3:1-13, 수6:1-20, 시103:20-22)

2. 하나님의 응답-기도(응답) 렘33:2-3
   1) 하나님의 소원을 내 마음에 담을 때-일을 행하심, 지어 성취하심
   2) 너는 내게 부르짖으라 (요14:14, 15:7, 16:24, 요일5:14)

3. 이 성읍을 향한 하나님의 치유와 회복의 약속을 붙들라(렘33:6-9)
   1) 치유와 회복-사죄하심(렘33:6-8)
   2) 세계 열방 앞에서 하나님의 기쁜 이름과 찬송과 영광(렘33:9)
   3) 치유와 회복의 증인(렘33:9).

참 생명의 빛으로 오신 그리스도 안에서 나를 세상의 빛으로 부르신
하나님께 감사와 찬송을 드립니다.

어떤 사람도 사건도 환경과 문제도 이유가 되지 않는
오직 복음의 충분함과 완전함과 모든 것 됨을 누리며,
나를 살리는 캠프속으로 온 교회가 복음안에서
한 뜻, 한 마음, 한 입 되게 할 나의 것을 찾고, 하나님께 영광을
돌리는 교회를 살리는 캠프의 주역으로 오직 복음의 한과 눈물과
기도가 통하는 성도가 하나 되어 우리에게 맡기신
이 지역과 현장을 치유하고, 살리는 캠프의 증인으로 부르신
하나님께 감사드립니다.

이제 참 복음과 교회와 전도의 가치를 체험한 중직자를 통해
오직 복음과 교회와 전도의 가치와 이유를 깨달은
후대를 일으키시고, 이 시대와 문화의 흐름을 주도하고,
이끌어 갈 캠프팀을
일으키실 것을 믿고 감사드립니다.

언제나 일하시기 전에 말씀부터 허락하시는 하나님
하나님의 시대적인 요청과 전도의 사명앞에서
렘33:1-9의 말씀을 허락 하심에 감사드립니다.

우리의 생각이 아닌 철저한 말씀의 인도를 따라
말씀의 성취를 보기를 원합니다.

하나님의 말씀을 마음의 소원으로 담고,
간절히 기도하는 제자가
일어날 때 그 말씀대로 행하시고
그 일을 지어 성취하사
숨겨 두었던 모든 하나님의 계획을 나타내시는
하나님의 역사를 믿습니다.

이 성읍과 우리를 향한 하나님의 치유와
회복의 약속을 성취하사 세계 열방앞에서
하나님의 기쁜 이름과 영광과 찬송이 되게 하실 것을 믿습니다.

인생 전체를 두고, 하나님의 소원을 이룰 인생캠프를 찾게 하셨으니
이제 이 지역과 전국과 세계의 미자립 교회와 후대를 살리는
순회팀이 되고, 교회와 목회자와 24시간 기도가 통하고,
삶의 이유와 사명과 눈물이 통하는 팀이 되기를 원합니다.

오직 복음과 전도와 생명에 반응하도록 내게 생명을 주신
예수 그리스도 이름으로 기도드립니다. 아멘.

2017. 4. 30 주일 말씀 기도문

# 성도의 확신(기도 응답의 확신)

예레미야 33:1-3, 마가복음 11:22-24

예수께서 그들에게 대답하여 이르시되 하나님을 믿으라 내가 진실로 너희에게 이르노니 누구든지 이 산더러 들리어 바다에 던져지라 하며 그 말하는 것이 이루어질 줄 믿고 마음에 의심하지 아니하면 그대로 되리라 그러므로 내가 너희에게 말하노니 무엇이든지 기도하고 구하는 것은 받은 줄로 믿으라 그리하면 너희에게 그대로 되리라(막11:22~24).

서론. 살아있는 믿음이 기도의 뿌리입니다 (히11:6)
 1) 기도하기 전에 하나님을 바로 알고 믿어야 합니다. (신4:7, 사65:24)
 2) 믿고 기도하면 반드시 응답이 됩니다-지금, 나중, 무응답(막11:22-23)
 3) 하나님의 자녀가 기도할 때 일어나는 일

본론.
1. 응답받는 기도의 사람과 기도의 자세
  1) 예수 그리스도 이름으로 기도합니다(요14:14, 마16:19)
  2) 언약의 말씀을 붙잡고 기도합니다(마6:7, 요15:7)
  3) 100% 믿음으로 기도합니다(마21:21-22, 롬4:19-21)
  4) 강하고 간절한 소원을 가지고 기도합니다(히5:7)

2. 응답받지 못하는 기도-거부되는 기도
  1) 의심하는 자-일심으로(약1:5-8, 막11:23)
  2) 낙심하는 자-전심으로(눅18:1)
  3) 포기하는 자-지속으로(갈6:9)
  4) 다른 마음 다른 의도의 기도 (사66:18, 잠21:28-29, 약4:3)

결론. 참으로 믿고 기도하는 한 사람이 있으면 됩니다.
 1) 아무리 세상이 강해도 기도하는 한 사람을 이길 수 없습니다(단10:6)
 2) 응답받고 가는 사람을 막을 수 없습니다(행19:21, 23:11, 27:14)
 3) 렘넌트를 품고 기도하는 사람이 가장 중요합니다(욜1:2-3, 시71:18).

우리가 그에게 기도 할 때마다 우리에게 가까이 하심과 같이
그 신이 가까이 함을 얻은 큰 나라가 어디 있느냐
택하신 이스라엘 민족을 사랑하시고, 그 백성을 향한 하나님의
마음을 보여주신 하나님.

지금도 하나님의 자녀 된 나를 향한 하나님 아버지의 마음이
동일하며 하나님께 기도하는 우리의 기도에 귀 기울이시고,
응답하심을 감사드립니다.

천국 문을 여는 열쇠가 되신 예수 그리스도 이름과
그 이름으로 보증하시고, 확증하신 언약의 말씀을 붙잡고,
끝까지 믿음으로 기도하는 자에게 반드시 응답하시는
하나님을 찬양합니다.

날마다 하나님의 소원과 통하는 분명한 기도의 제목을 가지고,
강하고 간절한 기도의 무릎을 훈련하여 순간마다 의심하고,
낙심하며 기도를 포기하는 영적 상태를 치유해 나가기를 원합니다

또한 결코 응답받을 수 없는 나, 육신, 성공중심의
다른 의도와 교만과 자만하는 마음과 사람에 대한
미움을 품은 기도를 속히 회개합니다.
아무리 세상이 강해도 믿음으로 기도하는 한 사람을 이길 수 없으며,
전도를 위해 응답받고, 가는 증인을 막을 수 없으며,
후대를 위해 기도하고, 주의 몸 된 교회를 사랑하며,
기도하는 한 사람의 기도를 들으시는 하나님.

어떤 문제와 상황이라도 기도를 가지고 상대하기 원합니다.
모든 것보다 기도가 가장 강하고, 가장 빠르며 가장 쉽고,
기도할 수 있는 사람이 최고의 실력자임을 믿습니다.

모든 응답의 열쇠가 되신
예수 그리스도 이름으로 기도드립니다. 아멘.

2017. 8. 27 주일 말씀 기도문

# 나의 천명체험(최고 발견)
## 에스겔 3:16-21

칠 일 후에 여호와의 말씀이 내게 임하여 이르시되 인자야 내가 너를 이스라엘 족속의 파수꾼으로 세웠으니 너는 내 입의 말을 듣고 나를 대신하여 그들을 깨우치라 가령 내가 악인에게 말하기를 너는 꼭 죽으리라 할 때에 네가 깨우치지 아니하거나 말로 악인에게 일러서 그의 악한 길을 떠나 생명을 구원하게 하지 아니하면 그 악인은 그의 죄악 중에서 죽으려니와 내가 그의 피 값을 네 손에서 찾을 것이고 네가 악인을 깨우치되 그가 그의 악한 마음과 악한 행위에서 돌이키지 아니하면 그는 그의 죄악 중에서 죽으려니와 너는 네 생명을 보존하리라(겔3:16~17).

서론. 하나님께서 찾으시는 한 사람(갈2:20, 마12:28-29)

본론. 내 인생 최고의 발견 1-천명
1. 지상 최고의 약속과 성취-나의 언약체험
   1) 행1:1 갈보리산-십자가(요19:30, 갈2:20, 5:1, 6:14)
   2) 행1:3 감람산-하나님나라(마28:16-20, 눅11:20)
   3) 행1:8 마가다락방-참된 능력(슥4:6, 사40:27-31)

2. 내 인생 최고의 발견-천명, 소명, 사명(행1:1, 3, 8)
   1) 복음의 이유와 가치-12가지 인생문제
   2) 반복되는 시대의 문제와 그 이유-복음상실
   3) 천명을 깨달은 한 사람

결론. 하나님의 부르심에 반응하는 한 사람(겔3:16-21, 사6:8).

그리스도의 참된 복음을 주신 하나님,
성령 안에서 항상 함께 하시고 하나님의 천명을 깨닫는 자리로
인도하시고, 역사하심을 감사드립니다.

오직 그리스도의 복음과 그 이름으로 이루어지는
하나님의 나라와 성령의 역사와 능력을 힘입어
땅 끝까지 그리스도의 증인되어 살아가도록 불러 주시고,
하나님의 영원한 목표를 이루는 일에 연약하고,
허물 많은 나의 삶이 쓰임 받게 하심에 감사합니다.

하나님께 불순종함으로 범죄한 인류를 향한
하나님의 최고 언약과 그 언약의 흐름과 성취속에
나의 오늘이 있음을 믿습니다.

예수 그리스도께서 이루신 모든 구속의 사역이
이전에 있었던 역사적 사건만이 아닌, 오늘을 살아가는 나와
이 시대를 위해 오늘도 실현되는 복음으로 나를 통해
이루실 미션으로 땅 끝까지 증인되게 하시는 능력으로
날마다 체험되길 원합니다.

이처럼 지상 최고의 언약과 그 성취속에 나의 오늘을 세워주시고,
나 자신과 육신과 세상의 일들을 위한 요구가 아닌,
시대를 향한 하나님의 요구를 깨닫고, 들을 수 있는
마음의 눈과 귀를 열어 주심에 감사드립니다.

오직 그리스도의 복음이 아니면, 찾을 수 없는 길이요
해결할 수 없는 문제요 벗어날 수 없는 지옥 배경에 놓인
나를 위해 예수 그리스도를 보내 주시고, 구원 얻게 하신
복음의 참된 이유와 가치를 깨닫습니다.

하나님의 백성이 하나님께서 주신 복음의 본질을 놓치고,
사탄의 것으로 치우칠 때마다 반복되는 실패와 재앙을 당하고,
그때마다 복음의 이유와 가치를 깨닫고, 하나님의 천명을 품은
남은 자들을 통해 시대를 치유하시고 회복하셨음을 봅니다.

그와 같이 지금도 참 복음을 부탁받은 교회가 복음을 상실할 때마다
일어났던 우상문화와 가정과 국가와 시대의 위기와 재앙을 불러오는
통합운동과 최악의 우상문화 시대입니다.

이런 시대적 상황을 보며 복음회복을 위한 하나님의 요청(천명)을
들을 수 있는 한 사람이 되기를 원합니다.

현장을 향한 하나님의 애통함을 깨닫고, 오직 복음운동을 위해
남은 자 예비 된 한 사람을 찾는 그 걸음 속에
나의 오늘이 있기를 원합니다.

인생 최고의 가치를 발견하게 하신 예수 그리스도 이름으로
기도드립니다. 아멘.

2016. 7. 24 주일 말씀 기도문

# 나의 24시 체험(최고의 시간)
## 다니엘 6:10-23

다니엘이 이 조서에 왕의 도장이 찍힌 것을 알고도 자기 집에 돌아가서는 윗방에 올라가 예루살렘으로 향한 창문을 열고 전에 하던 대로 하루 세 번씩 무릎을 꿇고 기도하며 그의 하나님께 감사하였더라(단6:10).

서론. 그릇된 성도의 24시-나의 존재감(엡6:24)
복음의 답 없는 율법, 신비, 박애, 종교 생활과 오직그리스도의 답이 나지 않은 다른 신앙의 색깔을 가지고 육신적인 주도권 싸움에 집착하고 복음을 가로막는 율법과 제도의 올무에 잡혀 자기 이익을 위해 분쟁을 일으키는 삶을 산다.

본론. 나의 남은 생을 어디에 올인 할 것인가?

1. 24시 올인의 내용
   1) 올바른 누림(마16:13-14, 마16:16, 마17:1-4, 마17:5-8)
   2) 올바른 집중(행1:1-8, 1:14, 겔7:19, 잠23:5, 행27:1-20)
   3) 올바른 올인(행2:1-47, 행11:19-30, 롬16:1-27)

2. 참된 나를 찾는 행복한 24시(단6:10,16)
   1) 모든 삶(사람, 현장, 일)을 가지고 그리스도께 집중하라
   2) 모든 사람, 현장(세계), 일(문제) 가지고 기도집중
   3) 모든 사람, 현장, 일 중심으로 전도에 집중

결론. 한 가지만 생각하라-세계복음화(단6:10-23)
1) 내가 있는 곳에 내가 하는 일 하나님께서 원하시는 일에 올인하라
2) 5가지 교회의 방향에 모든 생각을 담아라
3) 이 일을 위한 나의 달란트와 나의 전도를 찾아라.

모든 일과 삶을 통하여 하나님의 것을 볼 수 있도록
성경과 복음의 말씀이 선포되는 강단을 허락하사 그릇된 신앙의
자리에 서지 않도록 붙들어 주시는 하나님의 은혜에 감사드립니다.

사람 중심의 그릇된 신앙에 빠져 오직 그리스도의 복음을 주신
하나님을 잃어가는 교회 개인의 주도권을 지키려는 싸움과 복음과
상관없는 율법과 종교적인 기준들과 자기 이익을 위해 말씀을
거스르며 분쟁과 다툼에 빠진 교회의 현실을 봅니다.

어쩌면 나 자신의 신앙 또한 깊은 내면에는 나, 육신, 성공
중심의 동기를 신앙의 모습으로 포장한채 육신적이고
세상적인 것으로 나의 존재감을 나타내려 하며 신앙의 만족을
얻으려하는 한 사람으로 살아가고 있는지를 돌아봅니다.

이런 시대적 상황과 현실 속에서 언제나 참된 유일성의 복음을 가진
개인과 교회와 단체를 통해 참된 복음을 회복하시고,
시대를 회복하셨던 하나님.

오늘도 내가 있는 현장에서 복음을 복음답게 누리고,
회복하는 한 사람으로 서게 하시옵소서.

나의 모든 삶을 그리스도께 집중하기 원합니다.
모든 사람 모든 현장 모든 일을 가지고, 기도에 집중하며
오직 전도에 집중하여,
오직 그리스도 안에서 삶의 이유를 찾고
내 한계와 기준과 수준을 넘어서는 24시의 행복을 맛보기 원합니다.

주의 은혜로 한 몸 되게 하신 교회와 교회를 통해
내게 허락하시고 맡겨주신 소중한 직분을 전심으로 감당하여
하나님의 영광을 나타내기를 원합니다.

나의 모든 수고와 헌신의 방향이 올바른 복음운동을 일으키고,
온 교회가 하나되어 참된 전도와 선교의 사명을 감당하며
후대를 바로세워 이 지역과 시대의 흑암문화를 정복하는
교회다운 교회를 일으키는데 동참되기를 원합니다.

이 일들을 위해 나의 작은 것도 하나님의 손이
함께하는 일이 되도록 온전히 나를 드립니다.

이제 누구도 핑계하지 말고, 어떤 것도 부러워하지 말고,
다니엘처럼 내게 주신 구원의 은혜에 감사하며
오늘도 함께 하시는 하나님으로 만족합니다.

나의 24시를 참된 행복으로 채워주신
예수 그리스도 이름으로 기도드립니다. 아멘.

# 렘넌트 사명식(뜻을 정하여)
다니엘 1:8-21

다니엘은 뜻을 정하여 왕의 음식과 그가 마시는 포도주로 자기를 더럽히지 아니하리라 하고 자기를 더럽히지 아니하도록 환관장에게 구하니 하나님이 다니엘로 하여금 환관장에게 은혜와 긍휼을 얻게 하신지라(단1:8~9).


서론. 남은 자의 눈으로 본 시대 상황과 나의 신앙 현주소 점검

1) 이스라엘 민족의 역사-반복적 재앙(단9:3-19)
2) 교회사의 흐름과 이 시대의 교회
3) 나 자신의 신앙 생활의 흐름-질문과 점검

본론. 렘넌트 로드맵과 사명식의 당연, 필연, 절대성

1. 사탄문화(창3, 6, 11)의 포로가 된 시대-분열, 집착, 중독시대
   1) 내게 맡겨주신 한 성도를 복음으로 세울 그림과 성도 자신이 가야할 길
   2) 내게 맡겨주신 렘넌트를 복음으로 세울 그림과 렘넌트가 가야 할 길
   3) 하나님의 영적서밋, 기능서밋, 문화서밋으로 파송되는 것이다.

2. 사명식은 무엇을 위해 남은 자인가-뜻을 정하라(단1:8, 3:16-18)
   1) 복음 안에서 나의 눈물이 있는 분야와 한 대학
   2) 세계 2만 대학과 한 시대를 품어라
   3) 한 교회와 한 목회자의 롬16장 언약
   4) 복음 안에서 Local, Para 운동의 주역

결론. 사명식 렘넌트와 성도의 미션
1) 렘넌트-참된 성장을 위해 매일 실천할 5가지
2) 기성세대-대로를 수축하라, 기도하라(사40:3-5, 애2:18-19)
3) 자신이 렘넌트 운동의 이정표가 되고 증인이 되도록 도전.

오늘을 살아가는 나 자신과 우리 후대가 오직 복음을 위해 함께
걸어갈 길과 그림을 주신 하나님께 감사드립니다.

나를 복중에 짓기 전부터 열방의 선지자로 택하심을 알고,
우리 후대를 그렇게 보내주시고, 우리에게 맡기셨음을 알게 하사
인생의 과정마다 복음의 언약을 심어 하나님의
시대적 요청앞에 서도록 세워갈 길을 주심에 감사합니다.

하나님의 부르심 앞에서 반복적으로 선교적 사명을 놓치고,
실패를 반복한 이스라엘 민족의 역사와 같이
반복적으로 유일성의 복음을 놓치고,
종교화 세속화 되어가는 교회와 나태함에 빠져가는
우리의 신앙 현주소를 점검합니다.

그때마다 후대가 죽임을 당하고, 노예가 되고 포로가 되고,
속국이 되었음을 알고도 복음과 교회와 전도와 선교의
이유를 놓치고, 후대를 향한 기도를 미룬채
육신의 일에 떠밀려 가는 시간이 많습니다.

그러나 하나님 이처럼 연약한 우리를 사용하셔서 오늘의 렘넌트의
사명식을 준비하게 하시고, 또 이 속에 렘넌트 운동의 주역으로
소중한 후대들이 세워져 가게 하심을 찬양합니다.

하나님께서 지금까지 경험하게 하셨던 많은 일들과
그 속에서 마음에 담아주신 언약적 한이 실현될

한 분야와 전문성을 찾게 하셔서 전 세계2만 대학복음화를 두고,
한 대학을 품은 후대를 세우게 하시니 감사합니다.

대학 기간 동안 예배와 훈련 중심으로 자신의 기능에
능숙함을 준비하여 참 전도제자로
한 분야의 전문인으로 준비되게 하시고, 교회와 시대 살리는
로컬과 파라 운동의 주역으로 서게 하시옵소서.

아무리 작은 것이라도 오늘 자신에게 주신 것으로
복음과 교회와 전도 선교와 후대와 문화 살리는 일에 헌신하고,
언제나 목회자와 성도의 기도속에 있는 후대로 세워 가시는
예수 그리스도 이름으로 기도드립니다. 아멘.

2018. 2. 25 주일 말씀 기도문

# 지금을 성공시키는 교회
### 고린도후서 6:1-10 사도행전 28:30-31

우리가 하나님과 함께 일하는 자로서 너희를 권하노니 하나님의 은혜를 헛되이 받지 말라 이르시되 내가 은혜 베풀 때에 너에게 듣고 구원의 날에 너를 도왔다 하셨으니 보라 지금은 은혜 받을 만한 때요 보라 지금은 구원의 날이로다 (고후6:1~2).

서론. 하나님의 사랑, 하나님의 은혜

1. 신앙의 발판을 바로 놓아라
   1) 하나님의 주권부터 인정하라(대상29:10-14)
   2) 하나님의 방법이 그리스도다(엡1:1-13)
   3) 하나님의 역사-성령으로 역사(요14:16-17, 26-27)
   4) 하나님의 말씀-성경의 권위(히4:12, 계1:3)
   5) 하나님의 성전-신자의 가치(고전3:16)
   6) 하나님의 계획-진정한 선교지(행18:1-4)
   7) 하나님의 통치-생사화복의 주관자(시편139:1-10)
   8) 하나님의 섭리-시한부 인생(히9:27)
   9) 하나님의 심판-내세의 실존(계14:9-11)
  10) 하나님의 상급-전도자의 상급(마10:42)

2. 세 가지 오해를 해결하라
   1) 기도오해-어떤 순간에도 하나님께서 함께 하심을 발견하는
      것이 기도이다
   2) 전도오해-나와 함께 하시는 하나님을 전달하는 것이 전도이다
   3) 말씀오해-구원 얻은 하나님의 백성을 향해 영원히 변하지
      않는다는 약속이다

3. 교회의 방향
   1) 복음이 복음 되게 하는 교회(마16:16, 롬1:16)-복음의 개인화
   2) 교회다운 교회(마16:17-19)-Oneness(복음의 교회화)
   3) 지역 살리는 교회-전도(행6:7, 9:10).
   4) 세계 살리는 교회-선교(행11:19-30)
   5) 후대, 문화 살리는 교회(세계복음화)

독생자 예수 그리스도를 보내셔서 죄와 사단과 지옥권세에서
나를 구원 하신 하나님의 사랑을 깨닫게 하신 하나님께 감사합니다.
날마다 하나님의 은혜 가운데서 주어진 오늘을 계획하고,
그 어떤 것보다 먼저 하나님의 은혜를 사모하는 심령을 주신
하나님께 영광을 돌려 드립니다.

하나님의 크고 놀라운 은혜와 사랑 깨닫고 복음증거 하는 일에
생을 드린 바울처럼 날마다 지금 나의 삶 속에서
성령의 인도를 따라 그리스도의 복음이 필요한 황금어장을
보게 하시고, 곳곳에 숨겨져 있는 복음운동을 지속할
제자를 찾고 교회를 세우는 삶이 되기를 간절히 원합니다.

먼저 올바른 신앙의 발판을 놓기를 원합니다. 모든 일 사람
문제 속에서 하나님의 절대주권을 인정하는 믿음에서 부터
그리스도를 누리며 성령으로 역사하시는 하나님을 지금 보게
하시옵고, "다음에, 조금 있다가"라는 말은 닫기를 기도합니다.

지금도 말씀대로 일하시고, 그리스도를 믿는
나를 하나님의 성전 삼으사 내가 있는 모든 곳에서 전도와
선교를 누리고, 인생의 생사화복을 주관하시는 하나님의 뜻과
섭리를 따라 살고, 죽게 하사 영원한 천국을 사모하고,
하나님의 영원한 상급을 바라보며
오늘도 전도자의 삶 가운데 살게 하시옵소서.

내게 기도가 어렵다, 말씀이 어렵다, 전도가 안 된다고 하는
불신앙과 오해를 지금 버리게 하시옵소서.
어떤 순간에도 하나님을 누리는 기도 속에서 하나님의 능력을 누리고,

나와 함께 하시는 하나님을 담대히 증거하며 말씀을 통해서
영원토록 변함없는 날 향하신 하나님의 은혜와
사랑을 보게 하시옵소서.

이제 시대적인 방향을 허락하신 하나님.
지금 저에게 하나님의 은혜와 사랑을 더욱 깊이 누리게 하사 복음이
복음되게 하며 교회다운 교회를 세우고, 지역 살리고, 세계 살리며
후대 살리고, 문화 살리는 교회를 일으키게 하시옵소서.

이를 위해 지금 그리스도의 복음으로 완전 체질화, 개인화 되어
무너지지 않고, 음부의 권세가 이길 수 없는 성도의 Oneness를
이끌어가며 현장에서 말씀운동 하는 다락방의 주역
교회에 열어주신 선교지를 마음에 담고, 기도하는 선교의 주역
3단체를 살리고, 3기업의 응답을 누릴 후대와 문화정복의
주역으로 서게 하시옵소서.

한 번도 걸어 가보지 않은 2013년을 귀한 말씀가운데서
시작하게 하시는 하나님께 감사를 드립니다.

세계 복음화를 위해 지금도 계속되는 창3장, 6장, 11장의
문제를 이기는 언약을 체험하고 깊은 기도 속에서
하나님의 능력을 누리며
나에게 열어주신 이 지역을 향한 사명을 붙잡게 하시옵소서.

지금 성령으로 나와 함께 하시고, 인도하시고, 역사하시는
예수 그리스도 이름으로 기도드립니다. 아멘.

2013. 1. 6 주일 말씀 기도문

# 복음의 능력을 체험하는 성도
마태복음 16:13-20

예수께서 빌립보 가이사랴 지방에 이르러 제자들에게 물어 이르시되 사람들이 인자를 누구라 하느냐 이르되 더러는 세례 요한, 더러는 엘리야, 어떤 이는 예레미야나 선지자 중의 하나라 하나이다 이르시되 너희는 나를 누구라 하느냐 시몬 베드로가 대답하여 이르되 주는 그리스도시요 살아 계신 하나님의 아들이시니이다 (마16:13~16).

서론. 복음의 정상에 설 때 보이는 것
 1) 사탄 (창3:1-6, 요8:44, 속이는자, 멸망시키는자, 거짓의 아비)
 2) 사탄의 두 가지 속임(구원의 이유와 복음의 능력을 모르게)
 3) 사람들의 속임-행복한척, 기쁜척, 행복 없는 쾌락

1. 베드로의 깨달음
   1) 우리가 받은 축복은 예레미야 정도가 아니다(박애주의)
   2) 엘리야 정도가 아니다(신비주의)
   3) 세례 요한 정도가 아니다(율법주의)
   4) 선지자 같은 정도가 아니다(종교 중의 하나)

2. 베드로의 고백과 축복
   1) 베드로의 고백
   2) 베드로를 향한 예수님의 축복

3. 베드로에게 나타난 증거
   1) 요21:15-18, 도망자를 찾아오신 예수님.
   2) 베드로가 감람산에 초대를 받았다.
   3) 마가다락방에 주역으로 서게 되었다.
   4) 행2:14-21, 그 날에 메신저가 베드로였다.
   5) 행3:1-12, 나사렛 예수 그리스도 이름을 지구상 처음으로 선포.

눈에 보이지 않지만, 복음 안에서 복음의 눈으로 세상을 볼 때
모든 인간과 인류를 속이고, 멸망시키고, 사망가운데로 몰아가는
사탄의 역사와 사탄의 일을 볼 수 있게 인도하신 하나님.
지금 불신자들에게 세상의 성공과 명예와 쾌락을 주고
구원 얻어야 할 이유를 찾지 못하게 하며 구원 받은 내가 복음의
능력을 누리지 못하도록 속이는 사탄의 일을 결박시켜 주시옵소서.

참된 행복없이 행복한척 참 기쁨도 없이 기쁜척 살아가고,
해결할 수 없는 인생의 짐을 지고 있지만, 맡기고 해결할 수 없어서
참고 버티며 살아가는 현장의 실상을 보게 하신 하나님.
아직도 참 복음을 누리지 못하고, 종교적인 열심과 노력을 가지고,
살아가려는 모습이 내게 있다면 발견하게 하시고,
치유받기를 원합니다.

베드로가 깨달았던 참된 복음의 가치를 깨닫게 하사,
복음이 복음되지 못하게 하고, 복음의 가치를 떨어뜨리는
박애주의와 신비주의와 율법주의와 종교생활의 모습들을
완전히 버리기를 원합니다.
자신의 노력과 수고를 통해 얻은
작은 장식품 하나보다 복음과 구원의 은혜를 더 가치 없게 보는
악한 영적 교만과 무지함을 치유하사 완전한 복음의 가치를
나타내고 증거 하는 그리스도인으로 서기 원합니다.
베드로의 고백처럼 복음의 정상에서 예수가 그리스도
되심을 고백합니다.

"내 인생의 모든 것을 책임지신 주(主)는 아무도 해결 할 수 없는
내 인생의 운명과 죄와 지옥권세와 사탄의 손에서
나를 해방시키시고, 구원을 주신 그리스도시오.

지금도 살아계셔서 역사하시는 하나님의 아들이십니다!"
또한 이 고백과 함께 지금 내 삶을 무너지지 않는
반석위에 세우시고 예수 그리스도 이름으로 교회를 세워가는
전도자로 축복하시사 지금 이 순간에도 음부의 권세가
나를 이길 수 없도록 보호하시고, 복음과 전도와 세계복음화를 위해
성령의 충만함과 5력을 구하는 저에게 하늘 문을 여시고,
응답하시는 것을 믿습니다.
연약한 베드로를 축복하시고, 참된 복음을 깨닫게 하시고,
복음을 위한 사명을 주사 복음을 위한 가장 중요한 사역에
사용하신 하나님, 오늘도 하나님 앞에서 나의 약함을 고백합니다.
베드로가 체험한 40일을 통해 나의 오직을 발견하게 하시고
복음을 위해 생명건 기도 속에서 제자들에게 임하신
오순절 성령의 충만함을 힘입는 기도의 맛과
복음의 능력을 체험하기 원합니다.

이 일을 위해 날마다 복음 안에서 흔들리지 않는 구원의 확신을
고백합니다. 지금 내 기도에 응답하시는 하나님을 또한 여러 가지
시험과 문제속에서도 이미 승리한 하나님의 자녀임을, 십자가의
피로 모든 과거 현재 미래의 죄가 해결되었음을,
나와 영원토록 함께 하시사 나를 인도하심을 믿습니다.
나의 필요를 채우기 위해 육신적인 동기를 따라
종교생활 하지 않고 복음의 정상에 서서 시대적 위기 상황을 보며
하나님의 필요와 소원을 따라 인생전체를 드리는 참된 신앙생활을
회복하는 나 자신이 되기 원합니다.

나의 모든 것 되신 예수 그리스도 이름으로 기도드립니다. 아멘.

2013. 5. 26 주일 말씀 기도문

# 날마다 마음을 같이하여
## 사도행전 2:42-47

그들이 사도의 가르침을 받아 서로 교제하고 떡을 떼며 오로지 기도하기를 힘쓰니라 사람마다 두려워하는데 사도들로 말미암아 기사와 표적이 많이 나타나니 믿는 사람이 다 함께 있어 모든 물건을 서로 통용하고 또 재산과 소유를 팔아 각 사람의 필요를 따라 나눠 주며 날마다 마음을 같이하여 성전에 모이기를 힘쓰고 집에서 떡을 떼며 기쁨과 순전한 마음으로 음식을 먹고 하나님을 찬미하며 또 온 백성에게 칭송을 받으니 주께서 구원 받는 사람을 날마다 더하게 하시니라 (행2:42~47).

서론. 교회의 (5가지)로드맵 실현의 세가지 방향(행1:1, 3, 8=〉14)
 1) 개인-예배와 말씀집중
 2) 교회-포럼과 기도집중 =〉치유사역-영성운동
 3) 현장-응답과 전도 선교집중
 4) 미래-경제와 후대집중 =〉교육사역-지성운동
 5) 문화-기능과 캠프집중 =〉문화사역-문화운동

본론. 날마다 마음을 같이 하여
 1. 그들이 다 같이 한 곳에 모였더니-복음과 예배중심(행2:1-47)
 2. 사도의 가르침을 받고-말씀과 기도중심(행2:42)
 3. 날마다 더하게 하시니라-전도와 선교중심(행2:47)

결론. 참된 실현의 주역이 되세요(느1:1-11, 왕상18:4)
 1) 모든 성도들-세가지(치유, 교육, 문화)
  사역과 교회의 로드맵 실현의 주역
 2) 모든 후대-세가지(영적, 기능, 문화) 서밋과
  237-교회운동 실현의 주역
 3) 모든 중직자-롬16장의 모델.

오직 그리스도 안에서 세계 복음화의 시대적 언약을 이룰
분명한 비젼과 그림을 허락하신 하나님께 감사드립니다.

전도운동의 흐름 속에서 교회가 가야할 길을 보여주시고,
그 일을 실현해 갈 수 있는 치유사역과 교육사역과
문화사역의 세가지 방향을 허락 하심에 감사드립니다.

오직 복음을 누리는 예배와 말씀집중 교회와 함께하는 포럼과
기도집중 현장을 살리는 전도와 선교에 집중하는
치유사역과 영성운동을 위한 치유학교를 세워 주옵소서.

오직 복음과 교회와 전도 선교를 바로 이해한 영성의 바탕위에
지성을 겸비한 후대를 세우는 교육사역과 지성 운동을 위한
서밋학교 모든 성도와 중직자와 후대가 자신에게 주신 업과 기능을
통해 전 계층과 모든 영역에서 일어나는 문화캠프와
문화사역의 주역이 되고, 이 모든 사역을 실현하고 담을
RUTC의 언약을 품습니다.

이 언약을 붙잡고 우리가 예배할 때마다 성취될 말씀을 허락하시고,
이 말씀을 붙잡고 기도할 때마다 성령의 충만을 부으시고,
전도와 말씀성취 제자와 경제의 문을 여시고,
날마다 더하게 하시는 구원 역사를 보게 하시는
하나님 믿음의 사람들과 날마다 마음을 같이하여
성전에 모이기를 힘쓰고, 날마다 집에서 구원의 감사를 고백하며
참된 성전건축의 실현을 위해 모든 삶과 경제를

집중할 수 있는 은혜를 간구합니다.

오직 복음 안에서 세우신 교회와 목회자의
중심을 가장 바로 알고 교회의 그림과 237 교회운동의
실현을 위해 온 교회가 하나되게 하는
성도, 하나되게 하는 후대, 하나되게 하는
중직자가 되게 하옵소서.

날마다 더하게 하시는
예수 그리스도 이름으로 기도드립니다. 아멘.

주는 그리스도시요
살아 계신
하나님의 아들이시니이다.
(마16:16)

# 언약의 성취자로 오신 예수 그리스도

## 마태복음 2:1-18

헤롯 왕 때에 예수께서 유대 베들레헴에서 나시매 동방으로부터 박사들이 예루살렘에 이르러 말하되 유대인의 왕으로 나신 이가 어디 계시냐 우리가 동방에서 그의 별을 보고 그에게 경배하러 왔노라 하니 헤롯 왕과 온 예루살렘이 듣고 소동한지라 왕이 모든 대제사장과 백성의 서기관들을 모아 그리스도가 어디서 나겠느냐 물으니 이르되 유대 베들레헴이오니 이는 선지자로 이렇게 기록된 바 또 유대 땅 베들레헴아 너는 유대 고을 중에서 가장 작지 아니하도다 네게서 한 다스리는 자가 나와서 내 백성 이스라엘의 목자가 되리라 하였음이니이다(마2:1~6).

서론. 인류역사의 가장 중요한 예언과 성취(마1:18-25)
1) 여자의 후손을 보내리라(창3:15)    2) 약속대로 오신 예수님(마1:18-25)
3) 기독교 신앙의 가장 중요한 진리입니다.
  – 이 사실을 믿지 않으면, 기독교는 종교, 율법, 윤리, 규범의 종교로
    전락하고 인간의 영적 문제를 해결할 수 없게 됩니다.

본론. 언약의 성취자로 오신 예수 그리스도
1. 유대인의 왕으로 나신 이가 어디 계시냐(마2:1-12)
   1) 역사적 증거와 사실(마2:1)
   2) 그리스도의 소식을 듣고, 소동하는 헤롯과 유대인(마2:3-6, 7-8)
   3) 그리스도의 소식을 듣고, 경배하는 사람들(마2:2, 9-11)

2. 참 왕으로 오신 예수 그리스도
   1) 성경의 예언된 말씀을 이루심(마2:5, 15, 23, 미5:2, 창49:8-10)
   2) 창세기 3장 문제 해결 하시는 참 왕으로 오심(요14:6, 막10:45, 요일3:8)
   3) 복음가진 자를 지키시는 하나님의 섭리와 특별한 간섭(마2:12)

결론. 참 왕(그리스도)의 복음만이 시대와 후대의 재앙을 막음(마2:16-18).

모든 언약을 이루시고, 약속대로 이 땅에 오셔서 그리스도가 되신
참 하나님, 예수를 찬양합니다.

날마다 내 안에서 이 모든 사실을 깨닫게 하시는
성령 하나님을 찬양합니다.

믿음이 없이는 결코 깨달을 수 없고, 인간의 지식과 계산으로는
도무지 이해할 수 없는 하나님의 방법으로
복음을 나타내시고, 기록된 성경의 말씀과
진리의 복음의 터 위에 교회를 세우신 하나님.

그 어떤 사상과 이념도 이 진리의 복음을 변질시킬 수 없도록
우리를 가르쳐 주시고, 날마다 성령으로 감동하사
그리스도의 증인으로 사용 하시옵소서.

또한 이 신앙을 지키는 일을 위해 강하고,
담대한 믿음으로 채워 주시옵소서.

약속대로 유대 땅 베들레헴에 나신 메시아의 소식을 들은
세상임금과 종교인들의 소동하는 모습을 보며, 복음에 대한
무지함이 얼마나 큰 죄이며, 알고도 육신의 생각에 잡힌 종교인의 삶이
얼마나 악한 것인지를 봅니다.

메시아의 약속을 들은 동방박사들과 같이
변하지 않는 믿음과 향기로운 기도와 참된 예물을 드려

경배하는 삶으로 이끄시고, 만왕의 왕 되신
그리스도를 온 땅에 증거 하는 증인으로 서길 원합니다.

지금은 사탄이 통치자와 어둠의 세상 주관자들을 통해
참 복음이신 그리스도를 부인하게하며
복음을 전하는 교회와 전도자를 핍박하는 시대이지만
하나님은 언제나 하나님의 섭리를 따라 교회와 복음을 지키시고,
승리하게 하심을 믿습니다.

언제나 반복되는 역사의 흐름 속에서 멸망 직전의 시대와 교회와
후대의 현실을 보게 하시고, 오직 그리스도의 복음이 아니면 안 되는
절대 불가능의 현실과 절대가능의 답을 가진 절대제자의 흐름속에
불러주신 하나님을 찬양합니다.

오늘 당장이 아닌, 10년 20년을 준비하며 복음으로 세상을 치유할
서밋을 준비하는 일을 위해 우리를 먼저 부르신
예수 그리스도 이름으로 기도드립니다. 아멘.

# 우리의 약함과 병을 짊어지신 예수님
마태복음 8:1-17

예수께서 산에서 내려오시니 수많은 무리가 따르니라 한 나병환자가 나아와 절하며 이르되 주여 원하시면 저를 깨끗하게 하실 수 있나이다 하거늘 예수께서 손을 내밀어 그에게 대시며 이르시되 내가 원하노니 깨끗함을 받으라 하시니 즉시 그의 나병이 깨끗하여진지라(마8:1~3).


서론. 예수가 나의 그리스도로 발견되고, 체험되기까지 선포(마16:16)

본론. 우리에게 문제는 하나님의 말씀이 이루어지는 시간입니다.
1. 병든자에게 구원의 주가 되신 예수 그리스도(마8:17)
   1) 하나님의 계획과 뜻이 있는 질병이 있습니다(마8:2-3)
   2) 병을 낫게 하는 것이 목적 아니라 구원이 목적입니다(행3:6-10)

2. 모든 질병은 영적문제의 결과입니다.(엡2:1-3)
   1) 영적상태-사망과 죽음, 죄인, 마귀자녀
   2) 삶의상태-나, 육신, 성공중심으로 행복찾아, 길찾아(마7:13)
   3) 정신상태-근심, 걱정, 각종 스트레스, 귀신들림(마11:28)
   4) 육신상태-불치병, 셀 수 없는 각종 사고와 질병과 고통(막1:34)
   5) 미래상태-심판과 영원한 고통, 지옥(히9:27, 눅16:22-23)
   6) 상태대물림-부모의 우상숭배, 악행과 영적문제(출20:4-5)

3. 구원 얻은 우리가 스스로 무너지는 진짜 질병이 있습니다.
   1) 생각의 병(판단-각인) 부정적, 자기중심, 육신과 성공중심
   2) 마음의 병(품음-뿌리) 상처, 원망, 근심, 의심, 무심, 두마음
   3) 습관의 병(삶-체질) 끊을 수 없는 악습 체질(렘22:21).

우리의 약함과 모든 병을 짊어지신 그리스도 안에서
날마다 주의 날을 누리며 살아가도록 성령으로 함께 하시는
하나님께 감사드립니다.

하나님을 만나는 구원의 길을 여신 참 선지자요,
죄와 사망의 법에서 생명의 성령의 법으로 해방시킨
참 제사장이시며, 죽음으로 죽음의 권세 잡은 자 곧 마귀를 멸하시
고, 승리와 부활의 참 왕이 되신 그리스도를 찬양합니다.

그리스도 안에서 어떤 질병과 문제라도
하나님의 말씀이 이루어지는 시간표임을 믿고,
하나님의 뜻과 계획을 찾아가며 구원과 생명의 감사를 누리는
기도의 비밀을 주심에 감사드립니다.

모든 질병이 영적인 문제의 결과임을 보게 하시고,
멸망과 재앙의 인생 상태가 끊임없이 반복되고,
대물림 되는 불신자 상태에서 해방하신 하나님께 감사드립니다.

아직도 부정적이고, 자기 중심적인 생각의 병으로
매사에 틀린 판단과 선택을 하게 하며 하나님의 진노를 부르는
불만과 원망을 토하는 마음의 병과 끊어지지 않는 악한 삶과
습관의 병을 치유하기 원합니다.

이미 이 모든 문제를 십자가에서 대신 짊어지신
예수 그리스도 안에서 내게 주신 해방과 구원과 승리의 권세를

선포하며 오직 복음의 생각으로 감사의 마음으로 거룩하고
아름다운 성도의 신앙과 삶을 만들어가길 원합니다.

참된 치유는 병이 낫는 것이 아니라 병이 문제되지 않는
구원과 생명을 누리는 예배자로 살고,
그 생명과 구원의 비밀을 전하는 증인으로
사는 것임을 알게 하신 하나님,
그리스도 예수 안에서 나오는 끊임없는
기쁨과 기도와 감사를 고백하고 오직 성령의 인도와 말씀을 따라
지극히 선한 것을 취하며 하나님께만 영광 돌리는
전도자의 길을 가게 하시는
예수 그리스도 이름으로 기도드립니다. 아멘.

2018. 9. 23 주일 말씀 기도문

# 고센땅에 살게 하리라

## 창세기 46:28-47:12

야곱이 유다를 요셉에게 미리 보내어 자기를 고센으로 인도하게 하고 다 고센 땅에 이르니 요셉이 그의 수레를 갖추고 고센으로 올라가서 그의 아버지 이스라엘을 맞으며 그에게 보이고 그의 목을 어긋맞춰 안고 얼마 동안 울매 이스라엘이 요셉에게 이르되 네가 지금까지 살아 있고 내가 네 얼굴을 보았으니 지금 죽어도 족하도다(창46:28~30).


1. 하나님께서 시작하신 WIO캠프-기도캠프
   1) 모든 사람은 구원이 필요합니다(창3:1-6, 롬3:23, 요8:44)
   2) 구원의 약속을 주셨습니다(창3:15, 6:14, 12:1-3, 출3:18)
   3) 언약의 흐름속에 있는 자-Remnant(창37:11, 46:27)


2. 요셉의 원네스 캠프-고센땅에 살게 되리이다.(창46:28-47:12)
   1) 언약 백성이 준비될 땅(창15:12-16, 46:31-34)
   2) 바로를 축복하는 야곱(창47:1-10)
   3) 모든 가족을 봉양하는 요셉(창47:11-12)


3. 70인 제자의 기도-WIO캠프(롬16:25-27)
   1) 자신이 걸림돌-영세전부터, 오직의 발판
   2) 교회가 걸림돌-지금도 함께, 유일성의 발판
   3) 세상이 걸림돌-영원히 함께, 재창조의 발판.

예수 그리스도 안에서 죄와 사탄과 지옥배경 아래 놓인
나와 우리와 함께 하실 계획을 세우시고,
그대로 행하시사 택하신 모든 자에게 성령을 부으사
영원토록 함께 하시는 하나님께 감사드립니다.

그 언약 안에 모든 죄와 재앙의 시대를 이기는 답이 있음을 확인하며
그 언약의 흐름 속에서 복음과 능력과 문화와
후대를 회복할 남은자, 남는자, 남을자, 남길자의 길에 서게 하심을
찬양합니다.

요셉을 통해 이루어 가시는 언약백성을 위한
하나님의 인도하심을 보며 단 하나도 실수가 없으신
하나님의 신실함을 봅니다.

믿음없는 자, 방황하는 자, 상처입은 자의 치유할 것을 치유하고,
깨달을 것을 깨닫게 하사 세상에서 전능자의 대표, 언약의 대표,
축복의 대표로 세우시는 하나님을 찬양합니다.

야곱과 야곱의 가문에 함께 하신 하나님께서
남은 237-5천 복음화를 위한 237교회운동의 언약을 품은 우리에게
오늘도 동일하게 나와 우리와 모든 곳에 함께 하심을
믿고 감사합니다.

역사상 가장 약하고, 무능하고, 악한 이스라엘 민족을 택하셔서
그들을 완벽하게 인도하시고, 모든 나라와 모든 민족 앞에 완전하고,

영원한 하나님의 사랑을 나타내시기를 기뻐하신 하나님.
과거의 상처와 불신앙과 염려에 빠져 나 자신과 교회와 모든 사람이
걸림돌이 되었던 삶을 발판으로 놓는 인생의 결론과 답을
찾게 하셔서 교회와 모든 사람의 상처를 치유하는
증인 삼아주심을 찬양합니다.

나의 모든 것을 준비하신
예수 그리스도 이름으로 기도드립니다. 아멘.


2022. 5. 15 주일 말씀 기도문

# 철저하게 말씀으로 돌아가는 40일
요한복음 1:1-18

태초에 말씀이 계시니라 이 말씀이 하나님과 함께 계셨으니 이 말씀은 곧 하나님이시니라 그가 태초에 하나님과 함께 계셨고 만물이 그로 말미암아 지은 바 되었으니 지은 것이 하나도 그가 없이는 된 것이 없느니라(요1:1~3).


서론. 4복음서에 나타난 그리스도
 1) 마태복음–왕으로 오신 예수 그리스도
 2) 마가복음–종으로 오신 그리스도
 3) 누가복음–사람으로 오신 그리스도
 4) 요한복음–하나님이신 예수 그리스도

1. 요한복음을 통해 깨닫고 누려야 할 것
   1) 하나님 만나는 길이 있다(요1:12, 요3:16, 요5:24)
   2) 하나님을 만나지 못하면 어떻게 되는가? (요3:18, 요8:44)
   3) 하나님 자녀의 축복과 권세를 누려라 (요14:16-17, 14:26-27)
   4) 전도의 축복을 알기를 원하십니다(막1:15, 막10:29-30)
   5) 미래를 살리는 방법–복음의 일꾼을 만들어 내라(마28:19-20)

2. 말씀을 통해 누려야 할 치유(요1:1-5)
   1) 성도가 먼저 가질 것 (성경과 강단에 대한 절대적 믿음)
   2) 말씀 묵상과 치유(시1:1-6, 시5:3, 17:3, 119:11, 잠5:12-14)
   3) 말씀 암송과 치유(복음성구, 신6:4-9)
   4) 말씀 기록과 치유(누가–누가복음, 사도행전, 사도바울 – 서신서)

결론. 말씀이 삶 전체를 이끌어 가게 하는 40일
 1) 성도의 근본미션 부터 누려라(복음의 충분, 완전, 모든 것)
 2) 기본미션–모든 선택과 결정에 말씀이 중심이 되게 하라
 3) 삶 전체에서 말씀의 성취와 응답이 보여집니다.

66권의 정확무오한 성경 말씀을 통해
인생의 참된 복음이신 그리스도를 깨닫고, 만나게 하시고,
날 위해 그리스도를 보내 주신 하나님을 알게 하심에 감사드립니다.

예수가 그리스도 되심을 깨닫지 못하는 종교인과 세상을 향해
그가 하나님의 아들 그리스도이심을 알도록 그의 택하신 자들을
성령으로 감동하시고, 역사하시사 사탄을 이기는 왕으로 오심,
우리의 죄를 대속할 십자가지시는 종으로 오심,
사람을 살리시기 위해 참 사람으로 오심, 온 세상을 구원하시기 위해
하나님으로 오심을 보고, 믿게 하심을 감사드립니다.

성경을 통해 하나님 만나는 길을 바로 보게 하시고,
하나님을 만나지 못한 세상과 삶의 상태를 알고,
구원 받은 하나님의 자녀가 받은 축복과 은혜를 알게 하시며
전도의 축복과 미래를 살리는 제자운동의 의미를 바로 깨닫고
누리도록 성령으로 충만하게 나를 붙들어 주시옵소서.

가장 먼저 성경이 정확무오한 하나님의 말씀임을 믿는
절대적 믿음과 그 말씀을 근거로 오늘 우리에게 주시는
강단의 말씀에 대한 절대적인 믿음과 기록된 성경의 말씀과
강단을 통해 붙잡은 말씀이 우리의 삶 가운데에 반드시
성취될 것임을 믿는 절대적 믿음을 고백합니다.

이 믿음을 따라 말씀을 묵상할 때 삶에 일어나는
진정한 치유를 체험케 하시고, 말씀을 내 영혼과 심령 속에 새기는
말씀 암송의 힘을 누리며 말씀의 성취와 말씀을 통해
내 삶 가운데 행하신 하나님의 역사와 증거를 기록하며
남길 수 있는 힘을 부어 주시옵소서.

이 속에서 말씀이 내 인생
내 삶 전체를 이끌어 가는 것을 보도록 내 심령과 삶이
복음으로 충분함, 복음의 완전함, 복음이 내 인생 모든 것 됨을
체험하길 원합니다.
그 안에서 어떤 일도, 어떤 사람도, 그 어떤 문제도 넉넉히 이해하고,
배려하고, 수용하고, 초월하여 하나님의 영광을 나타내는
자리에 서기 원합니다.

또한 모든 선택과 결정함에 있어 말씀이 중심이 되는 삶이 되도록
말씀으로 돌아가 말씀을 적용해 볼 수 있는 힘과 복음중심,
전도와 선교중심, 교회중심, 강단중심의 지극히 선하고,
아름다운 선택을 이끌 수 있는 영적 치밀함과 여유를
힘입기 원합니다.

그 길을 따라 일마다 걸음마다 보여지는 말씀의
성취와 응답의 역사를 보게 하실 것을 기대합니다.
오늘도 이만큼 말씀으로 하나님의 뜻을 나타내신 하나님
말씀을 깨닫도록 지금 내 영혼과 마음과 생각과
삶의 주인이 되시옵소서.

추석명절에 온 나라와 지역을 우상으로 뒤덮은 흑암의 세력들이
무너지게 하시고, 성도들의 가정과 머무는 현장마다
성령하나님께서 함께 하시고, 말씀을 품고 서있는 곳마다
하나님의 도우심과 생명과 빛의 역사가 일어나게 될 것을 믿습니다.

말씀대로 행하시고 말씀대로 이루시는
예수 그리스도 이름으로 기도드립니다. 아멘.

2014. 9. 7 주일 말씀 기도문

# 부활이요 생명이신
# 예수 그리스도 안에서 40일
### 요한복음 11:1-26

어떤 병자가 있으니 이는 마리아와 그 자매 마르다의 마을 베다니에 사는 나사로라 이 마리아는 향유를 주께 붓고 머리털로 주의 발을 닦던 자요 병든 나사로는 그의 오라버니더라 이에 그 누이들이 예수께 사람을 보내어 이르되 주여 보시옵소서 사랑하시는 자가 병들었나이다 하니 예수께서 들으시고 이르시되 이 병은 죽을병이 아니라 하나님의 영광을 위함이요 하나님의 아들이 이로 말미암아 영광을 받게 하려 함이라 하시더라(요11:1~4).

서론. 진짜 기적속에 사는 나를 발견하라(요10:27-30, 고전3:16)

본론.
1. 문제보다 더 크신 하나님께 집중하라(11:1-16)
   1) 예수님의 관심속에 있는 믿음의 사람과 가정(2,5,11)
   2) 현실문제가 해결되는 것이 응답의 전부가 아닙니다.
   3) 부활의 능력과 메시지를 누려라(히2:14-15, 고전15:1-4)

2. 말씀중심의 신앙을 회복하라(11:17-27)
   1) 마르다의 신앙의 뿌리와 낙심(11:21-24, 눅10:38-42)
   2) 부활이요 생명이신 예수(25절)

결론. 부활이요 생명이신 예수 그리스도 믿고 누림(요10:28-44)
1) 예수님의 눈물의 이유와 통하는 성도(28-38)
2) 나사로를 살리신 주님이 지금도 함께 하심을 믿고 누림(39-44)
3) 모든 불신앙과 매여있는 자기 기준에서 벗어나라.

성경의 모든 기적보다 더 큰 기적이신 예수 그리스도의
이름을 주신 하나님께 감사드립니다.

그리스도 외에는 다른 기적과 표적을 구하지 않고
(마16:4 고전1:22-23) 그를 믿고 구원 받은 사실과 인생의
영원한 문제를 영원히 해결하신
오직 예수만이 그리스도 되심을 고백합니다.

하나님을 사랑하고 그리스도의 증거를 나타내는 일에
쓰임받은 나사로의 가정을 사랑하시고, 찾아오신 예수님,
오늘 내 가정과 삶의 모든 이유가 복음, 전도, 선교, 교회, 후대,
문화 살리는 중심으로 서게 하사 하나님의 관심 속에서
주의 뜻을 이루는 가정이 되기를 원합니다.

하나님을 믿는다 하면서도 때로 문제 앞에서 하나님께 집중하고,
그의 계획과 뜻을 질문하기 보다 문제 해결을 위해
급급한 내 모습을 봅니다.

문제를 통해 예수가 그리스도 되심을 나타내시고,
나의 믿음을 회복하시려는 하나님의 뜻이 있음을 믿습니다.
문제를 통해 내 관심을 바꾸고,
그리스도 앞에서 아무것도 주장할 수 없는
죽어버린 나를 인정하기까지 나를 기다려 주시는 하나님
어떤 문제 앞에서도 문제의 당연성을 보고,
갱신되고 변화되어야 할 나를 먼저 보게 하시옵소서.

언제나 하나님의 뜻과 계획을 질문하면서 말씀중심,
예배중심의 삶을 회복할 때 하나님의 계획과 영적인 사실을
먼저 보게 됨을 믿습니다.

내가 뭔가를 할 수 있는 것처럼, 늘 육신의 일로 분주하고,
말씀을 듣지 않고, 말씀중심이 되지 못하며 예배의 우선순위를 놓친
마르다처럼, 합리적이고 그리스도를 지식적으로만 아는 교리적인
신앙이 있다면 속히 벗어나기 원합니다.

작은 일 하나라도 그 속에서 그리스도의 그리스도 되심을
나타내시고 영광 받으시길 원하시는 하나님.
어떤 일이라도 내 주장 내 계획 내 기준을 앞세우는 내가 죽었음을
인정하고, 그 자리에서 오직 그리스도의 영광만을 나타내는
한 주 되길 원합니다.

한 지역 한 교회 한 현장을 품고 하나님의 눈물과 통하는
가슴을 가진 기도의 사람으로 서기 원합니다.

그리고 기도에 응답하시는 하나님께 영광 돌리며, 나사로야
나오라 하신 주님의 음성을 전달하는 증인되게 하시옵소서.

내 근본 뿌리를 치유하신 부활이요, 생명이신
예수 그리스도 이름으로 기도드립니다. 아멘.

2014. 11. 23 주일 말씀 기도문

우리는 연약한 갈대처럼 살아가지만
하나님은 능치 못할 일이
없으신 분이다.

# 영광의 때를 위하여
# 옥합을 깨뜨리는 신앙과 40일
### 요한복음 12:1-11

유월절 엿새 전에 예수께서 베다니에 이르시니 이곳은 예수께서 죽은 자 가운데서 살리신 나사로가 있는 곳이라 거기서 예수를 위하여 잔치할새 마르다는 일을 하고 나사로는 예수와 함께 앉은 자 중에 있더라 마리아는 지극히 비싼 향유 곧 순전한 나드 한 근을 가져다가 예수의 발에 붓고 자기 머리털로 그의 발을 닦으니 향유 냄새가 집에 가득하더라(요12:1~3).

서론. 세 가지를 바꾼 사람들
 1) 종교를 복음으로(행1:1, 3, 8)
 2) 문화를 복음으로(마28:16-20)
 3) 방법을 복음으로(행2:1-47)

1. 예루살렘에 입성하신 예수 그리스도
   1) 언약 성취자로 오신 왕(요12:13-15, 시118:25-26, 슥9:9-10)
   2) 십자가 죽음과 부활을 위한 예루살렘 입성 (요12:12-23, 요11:52)
   3) 빛 되신 예수 그리스도의 증인(35-36, 44-50)

2. 요한복음 12장에 나타난 사람들과 나의 현주소
   1) 나는 어떤 신앙의 자리에 서 있는가?
   2) 나사로-말이 필요없는 전도자(11:45, 12:11)
   3) 가룟유다-복음 외에 다른 동기와 계산(12:4-6)
   4) 마리아-예배와 말씀중심의 신앙(눅10:39, 42, 요12:3-7, 막14:6)

결론. 복음을 위해 생명을 드리는 나의 헌신 실천(요12:3)
   1) 말씀실현팀-지역, 교회, 한 현장을 품고 말씀을 붙잡아라(출12:21)
   2) 두기고팀-교회와 목회자의 사정을 전달하고, 성도를 위로(골4:7-8)
   3) 기도팀-세계복음화와 지역과 현장과 교회를 두고 합심으로(행1:14).

복음을 주시고, 복음안에서 복음을 누리며 복음을 위해
복음의 전달자로 살게 하신 하나님께 감사드립니다.

답 없고 자신이 주인 된 삶과 세상 능력과 배경을 의지하는
종교생활에서 벗어나 오늘도 나에게 가장 중요한 답이 되시고,
내 삶과 모든 일의 주인 되시며, 최고 능력이 되신 그리스도의
복음으로 내 삶과 문화와 교회를 회복하기 원합니다.

언약의 성취자요 여호와의 이름으로 이 땅에 오신
그리스도를 고백합니다(시118:25-26).

모두가 육신의 고통에서 해방시켜줄 왕을 바라는 때에
흩어진 하나님의 자녀를 모아 하나가 되게 하시고 한알의 밀알처럼
십자가에 죽으시고 많은 열매를 맺게 하시는 부활의 첫 열매가 되시려
예루살렘에 입성하신 그리스도를 묵상합니다.

나의 남은 삶이 빛 되신 그리스도의 증인된 삶으로
드려지길 원합니다.
요한복음 12장에 나타난 사람들을 보며
내 신앙의 현주소를 돌아봅니다.

모든 불신앙과 복음을 가로막는 율법적인 기준이 무너지고,
표적신앙과 사람의 영광을 더 사랑하며 자기중심적이고,
감정적이고 계산적인 신앙의 모습이 있다면,
속히 벗어나기 원합니다.

나사로처럼 삶을 통하여 예수가 그리스도 되심이 보여지고,
마리아처럼 예배와 말씀을 사모함으로 힘과 답을 얻고
가장 소중한 것을 언약의 성취와 하나님의 영광의 때를 위하여
쏟아부을 수 있는 신앙생활이 되길 원합니다.

오늘 우리가 복음과 전도 선교와 후대를 위해 쏟아 부은 시간과
기도의 열매가 전도운동과 렘넌트 운동으로 이어져 지역문화 바꾸는
성전건축과 전세계 RUTC라는 기념비로 남게 될 것을 믿습니다.

이제 신앙과 내 인생 전체를 두고 가장 중요한 말씀의 실천과
실현의 증인되길 원합니다.

또 목회자와 교회의 중심과 방향을 가장 잘 이해하고,
온 교회를 하나되게 하는
두기고팀과 모든 운동과 일의 원동력이 되는
기도팀의 주역이 되길 원합니다.

교회가 힘을 얻고, 지역과 시대가 살아나고, 후대가 일어나 전 세계에
복음문화가 일어나 세계복음화 되는 그 날을 바라보며
오늘도 내 모든 것 되신
예수 그리스도 이름으로 기도드립니다. 아멘.

# 길과 진리와 생명안에 있으니 근심하지 말라

요한복음 14:1-6

너희는 마음에 근심하지 말라 하나님을 믿으니 또 나를 믿으라 내 아버지 집에 거할 곳이 많도다 그렇지 않으면 너희에게 일렀으리라 내가 너희를 위하여 거처를 예비하러 가노니 가서 너희를 위하여 거처를 예비하면 내가 다시 와서 너희를 내게로 영접하여 나 있는 곳에 너희도 있게 하리라 내가 어디로 가는지 그 길을 너희가 아느니라(요14:1~4).

서론. 생명을 가진 성도가 반드시 체험(개인화)해야 할 것이 있다.
1) 인생재창조(행1:1-8)
2) 교회재창조(행1:14-2:1-47)
3) 현장재창조(행3:1-6, 4:12, 5:41-42, 6:1-7)

1. 그 길과 진리와 생명 안에 사는 자의 정체성(요14:1-6)
   1) 근심할것 없는 믿음과 영원한 처소 보장(1-2)
   2) 하나님 만나는 그 길(요14:6)
   3) 유일한 구원자와 영생의 축복(요14:6, 행4:12, 7, 17:3)

2. 그 길과 진리와 생명 안에 사는 자의 기도와 응답
   1) 믿음으로 예수 그리스도 이름으로(12-14)
   2) 말씀을 붙잡고 기도할 때 성령역사 영원토록 함께(15-17)
   3) 모든 것을 생각나게 하시고 세상이 줄 수 없는 참된 평안(26-27)

결론. 진짜 믿음을 실천하라
   1) 진짜능력-주안에서 사는자(요14:20)
   2) 진짜제자-말씀이 있는자(요8:31-32, 요13:34-35, 15:8)
   3) 진짜기도-성령의 역사를 믿고 드리는 정시, 24시, 25시 기도.

하나님 떠나 죄와 사단에게 묶인 인간을 구원하시기 위해
약속하시고 보내시기로 하셨던 그 길과 진리와 생명이 되신
그리스도를 주신 하나님께 감사드립니다.

그 길이 나의 길이 되고, 그 진리가 나의 진리가 되고,
그 생명이 나의 생명입니다.

복음모르고 생명운동과 상관없이 살아왔던 과거, 다른 뿌리, 각인,
체질이 영원한 해답과 응답과 능력이 되신
그리스도 안에서 복음화 되고, 치유되는
인생 재창조의 날을 누리기 원합니다(요14:6, 행1:1-8, 14).

예수 그리스도의 터 위에 교회를 세우시고, 말씀을 통하여
시대의 전도운동을 이끌어 가시는 하나님, 교회의 강단을 통해
주시는 말씀은 내 목자의 음성이요, 내 삶의 해답입니다.

아직도 말씀의 흐름을 방해하는 나의 기준과 은밀한 불신앙들이
남아 있다면 버리게 하시고(창13:14), 교회와 목회자와 성도를 위해
교회의 광고와 전도 대상자와 훈련을 위해 사실적으로 기도하며
날마다 말씀 기도 전도 속에서 하루를 시작하고,
마무리하는 삶을 통하여 교회가 재창조되는
응답을 보기 원합니다(약1:25, 행2:1-47).

복음과 교회와 전도의 소중함을 깨달은 한 사람이
얼마나 소중한지 깨닫게 하신 하나님, 복음이 아니면 살릴 수 없는

이 현장과 지역을 위해 나의 과거를 허락 하셨음을 봅니다.
과거의 나 같은 사람들에게 복음이 증거 되도록
내가 전도의 문이 되고, 무너지지 않는 시스템이 되고,
참된 이유를 가진 지교회가 되고(행16:15),
끝까지 변하지 않고, 무너지지 않는 로마서 16장의
절대제자로 서게 하사 현장을 재창조 하는 증인되길 원합니다.

이것 외에 내 삶에 다른 근심은 사치임을 고백합니다.
이미 그리스도 안에서 모든 것이 보장 되어 있음을
확신합니다(요14:12-17, 26-27).
먼저 구해야 할 이 일에 집중하는 동안 남아있는
삶의 문제와 질병까지도 치유될 것을 믿습니다(마6:33).

참 능력(요14:20) 참된 제자 정신으로(요8:31) 가지고,
온 교회가 복음, 기도, 전도를 최고로 누리는 이 지역의
대표적인 교회로 서게 하시고, 참 복음 깨닫고 인생과 교회와
현장재창조의 응답을 가진 후대와 1천만 제자를 일으키며,
전 세계에 RUTC를 세워 흑암문화 정복하는 교회가 되게 하셔서
최고의 영광을 받으실 예수 그리스도 이름으로 기도드립니다.
아멘.

# 십자가와 복음의 증인
## 요한복음 19:17-42

그들이 예수를 맡으매 예수께서 자기의 십자가를 지시고 해골(히브리 말로 골고다)이라 하는 곳에 나가시니  그들이 거기서 예수를 십자가에 못 박을새 다른 두 사람도 그와 함께 좌우편에 못 박으니 예수는 가운데 있더라 빌라도가 패를 써서 십자가 위에 붙이니 나사렛 예수 유대인의 왕이라 기록되었더라(요19:17~19).


서론. 참 선교를 위한 중심캠프(빌2:13, 엡3:7-9)
 1) 평생의 선교를 품어라(행1:8, 마28:19-20, 행20:24)
 2) 한 선교사를 품어라(롬16장)    3) 한 선교지를 품어라(행19:21)

본론.
1. 약속의 성취자로 오신 예수(요19:23-24)
    1) 두 죄수와 함께(18)       2) 십자가 위의 죄패(19-22)
    3) 옷을 제비 뽑음(24, 시22:18)
    4) 다리를 꺾지 아니하고(33, 36, 시34:20)

2. 다 이루었다-그리스도의 모든 약속(요19:30)
    1) 구원을 위한 모든 조건을 이루셨습니다(창3:15, 6:14, 출3:18)
    2) 인생 모든 문제 해결(엡2:1-6)
    3) 그리스도의 일을 위해 쓰임받은 사람들(세례요한, 12제자...)

결론. 십자가와 복음의 증인으로 부름받은 성도(고전1:18, 빌3:18-21)
 1) 나를 통해 이루실 전도와 선교의 계획 (막3:14-15, 막16:15)
 2) 나를 통해 하나님께서 일하시도록 (갈2:20)
 3) 다 이루셨음을 확증하는 삶(요19:30).

하나님의 절대적인 주권과 계획 속에서 전도와 선교를 두고,
이루어 가시는 하나님의 인도와 역사를 보게 하심에 감사드립니다.

오직의 그리스도의 복음을 이 땅과 전 세계에 증거하기 원하시는
전도와 선교를 향한 하나님의 마음을 내 중심에 담습니다.
그 속에서 아무도 못보고, 못가고, 못하는 일을 위해
하나님께서 세우신 한 선교사와 한 선교지와
그 땅의 영혼들을 품기 원합니다.

동남아 10개국과 전 세계 복음화를 위해 중심을 담은
일꾼과 제자를 세워 주시고,
필요한 모든 것들을 채우실 것을 믿습니다
모든 선교사들에게 함께 하시옵소서.

우리를 구원하시고, 하나님의 나라를 위해 기록된 성경의
모든 말씀을 다 이루신 예수님만이 그리스도이시오
살아계신 하나님의 아들 이심을 믿고, 고백합니다.

창3장의 원죄와 죄로 말미암은 모든 저주와 재앙과
사망의 역사를 끝내시고, 더 이상 죄와 사망이
왕노릇 하지 못하도록 십자가의 복음의 사역을 완성하시고,
그를 믿을 때 인생의 모든 과거, 현재, 미래 문제가 해결되는
은혜의 복음 주심에 감사드립니다.

허물과 죄로 죽었던 우리를 살리시기 위해 하늘 보좌를 버리고,
이땅에 오시사 모든 수치와 조롱과 능욕을 당하시고,

하나님의 말씀앞에 십자가에 죽기까지 복종하시사 구원을 위한
모든 하나님의 계획과 뜻을 이루신 예수님을 닮기 원합니다.

나도 모르게 내 생각과 기준으로 복음과 반대되고,
방해하는 자리가 아닌
언제나 복음을 위한 흐름 속에서 남은 이 시대의 복음화를 위한
일에 내 삶의 모든 것이 사용되고 드려지기를 원합니다.

세례 요한과 제자들과 복음을 위해 모든 것을 드렸던
그 때 그 시대의 증인들처럼, 오늘 나와 우리 교회와 단체를 통해
이루실 전도와 선교의 몫이 있음을 믿습니다.

내가 있는 이 현장에서 오직 예수만이 그리스도 되심을
증거하기 원합니다.

나를 통해 하나님께서 일하시도록 날마다 하나님의 주권과
은혜를 고백하고, 내 모든 생각과 기준을
십자가 앞에 내려놓습니다.

그 속에서 성경의 말씀이 지금도 성취되는 살아계신
하나님의 말씀이요 예수만이 그리스도임을 확증하는
삶 되게 하시옵소서.

모든 것을 다 이루시고, 모든 문제 해결하신
예수 그리스도 이름으로 기도드립니다. 아멘.

2015. 1. 25 주일 말씀 기도문

# 예수 그리스도의 십자가와 부활의 증인

요한복음 20:19-31

이 날 곧 안식 후 첫날 저녁 때에 제자들이 유대인들을 두려워하여 모인 곳의 문들을 닫았더니 예수께서 오사 가운데 서서 이르시되 너희에게 평강이 있을지어다 이 말씀을 하시고 손과 옆구리를 보이시니 제자들이 주를 보고 기뻐하더라 예수께서 또 이르시되 너희에게 평강이 있을지어다 아버지께서 나를 보내신 것 같이 나도 너희를 보내노라 이 말씀을 하시고 그들을 향하사 숨을 내쉬며 이르시되 성령을 받으라(요20:19~22).

서론. 12가지 재앙의 흐름을 막는 기도와 기도제목 갱신
1) 자기중심, 육신중심, 세상 중심의 기도 제목에서 벗어나라(창3,6,11)
2) 무속, 점술, 우상 섬기듯 종교인의 기도에서 벗어나라(행13,16,19)
3) 불신자 상태에 잡힌 기도 제목에서 벗어나라

본론. 약속대로 부활하신 예수 그리스도
1) 부활을 믿지 않는 제자들(1,3-10,11-15, 마26:32, 눅18:31-34)
2) 부활의 의미(행2:24, 고전15:20, 고전15:17-19, 고후5:17)
3) 부활하신 주님(요20:19-21, 21-23,)

결론. 예수 그리스도의 십자가와 부활의 증인(요20:31)
1) 나를 향한 하나님의 구원의 계획-예수 그리스도
2) 아무도 막을 수 없는 하나님의 절대계획-전도, 선교
3) 하나님의 절대계획 속에 있는 자-전도제자
4) 나만의 미디어 전도, 선교를 찾아라(요20:31).

눈에 안보이게 하나님을 대적하고, 교회와 나를 이간질 하고,
분리시키고, 미혹하고 속여서 교회와 나를 무너트리고,
세상을 재앙가운데로 몰아가는 사탄의 실제적인 활동과 역사를 깨달
아 영적으로 기도에 집중해야 할 이유를 찾게 하신
하나님께 감사드립니다.

먼저 나의 기도생활과 기도제목을 돌아 봅니다.
아직도 나, 육신과 물질중심, 세상과 성공 중심의
기도 제목들이 많음을 깨닫습니다.

귀신에게 빌듯이 무조건 응답을 바라는 기복적이고,
광신적인 기도와 불신자들과 다를 바 없이 복음과 상관없는
기도의 제목과 오히려 불신자 보다 못한 기도의 집중력으로
참된 기도의 힘을 회복하지 못한 모습을 회개합니다.

영적인 민첩함으로 사탄과의 싸움에 승리해야 할 내가
사람과의 싸움과 갈등에 빠져 복음과 전도와 선교를 위한
귀중한 나의 시간들이 흘러 떠 내려가지 않도록
오직 그리스도의 충분함과 완전함과 모든 것 됨을 누리고,
오직 하나님의 나라와 성령의 인도와 역사를 누리는
기도 속에서 답을 얻고, 힘을 얻고, 방향을 잃지 않게 하시옵소서.

부활의 주가 되심으로 그리스도의 모든 일을 다 이루시고,
임마누엘의 언약을 완성하신 예수 그리스도를 고백합니다.
아직도 말씀을 더디게 깨닫고,

더디게 믿고, 실천하지 못하는 나의 체질이 회복되기를 원합니다.
참 평안을 허락하시고 성령을 부어주신 주님
날마다 십자가와 부활의 능력과 권세를 누리고,
십자가와 부활의 증인으로 살 수 있게 신 하나님 앞에서
온 땅에 복음이 증거 되기를 원하시는 하나님의 절대적인 계획
전도와 선교를 위해 살아갈 것을 결단합니다.

오직 예수만이 온 인류를 위한 유일한 구원자시요
임마누엘의 언약을 성취시키기 위해 이 땅에 오시고,
내 죄를 대신해 십자가에 피흘려 죽으시고,
사흘만에 부활하시어 사단과 사망의 권세를 이기신
그리스도가 되셨음을 선포하고 증거합니다.

복음 안에서 나에게 허락하신 나만의 전도를 찾아
가장 아름다운 복음의 증인으로 살아 가가를 원합니다.

또한 우리 후대가 참된 목적도 방향도 없이 세상 일에
소중한 시간과 삶을 쏟아 버리지 않도록
십자가와 부활의 참된 복음의 역사를 보여주고,
참된 전도를 찾아주는 부모가 되고, 교회가 되게 하시옵소서.

십자가와 부활의 증인으로 나를 불러주신
예수 그리스도 이름으로 기도드립니다. 아멘.

2015. 2. 1 주일 말씀 기도문

복음안에서 나에게
허락하신
고요한 장소를 찾아 묵상의
시간을 갖다.

RUTC운동의
# 필요한오력을
부어주시옵소서

# 올무를 벗어 버리는 기도의 리듬

## 사도행전 3:1-14

제 구 시 기도 시간에 베드로와 요한이 성전에 올라갈새 나면서 못 걷게 된 이를 사람들이 메고 오니 이는 성전에 들어가는 사람들에게 구걸하기 위하여 날마다 미문이라는 성전 문에 두는 자라 그가 베드로와 요한이 성전에 들어가려 함을 보고 구걸하거늘 베드로가 요한과 더불어 주목하여 이르되 우리를 보라 하니 그가 그들에게서 무엇을 얻을까 하여 바라보거늘 베드로가 이르되 은과 금은 내게 없거니와 내게 있는 이것을 네게 주노니 나사렛 예수 그리스도의 이름으로 일어나 걸으라 하고(행3:1~6).

서론. 나는 어떻게 신앙생활을 하고 있는가?
 1) 방황하고 흔들리는 교인, 경제적인 어려움과 교회안의 갈등
 2) 혼란스러운 세상    3) 영적인 문제에 빠진 현장
 4) 말씀, 기도, 전도 중심의 전도자의 삶의 체험하라

1. 제 구시 기도 시간에-리듬회복
   1) 육신의 리듬-운동     2) 마음의 리듬-취미, 독서
   3) 영적 리듬-하루를 말씀과 기도로 정리

2. 올무를 벗어 버리라
   1) 교회의 올무를 벗어 버려라   2) 물질의 올무에서 벗어나라
   3) 유대 전통, 가문, 앉은뱅이의 올무에서 벗어나라

3. 허상에서 벗어나라
   1) 앉은뱅이가 일어나자 소동이 일어났다(11-13절).
   2) 우리는 이미 다 가진 사람이다.   3) 이미 다 알고 있기 때문이다.

결론. 올무에서 벗어나는 선택과 결단
 1) 버려야 할 것을 버려라     2) 누리면서 기다려라
 3) 생명적, 생명건, 생명살릴 도전하라.

수많은 교회와 성도들이 참된 것을 보지 못하고 방황하고, 흔들리고,
경제적인 어려움과 여러가지 갈등 속에서 무너져 가는 시대와
영적인 답이 없어 방황하는 현장에 영적인 답을 전하는 증인으로
서게 하신 하나님께 감사를 드립니다

매일 매순간 말씀과 기도와 전도를 삶의 중심에 두고,
오직 그리스도 안에서 올바른 신앙의 리듬을 찾고,
회복하게 하사 반복적으로 흔들리는 딱 그 수준, 그 자리,
그 정도의 신앙생활을 넘어서는 전도자의 삶을 체험하기 원합니다.

감람산의 오직의 은혜와 결론을 가지고, 죽음의 두려움도 넘어선
마가 다락방의 기도 속에서 약속하신 오순절 성령의
충만함을 힘입고 복음없는 종교와 율법의 올무를 벗어 버리고,
그 속에 갇힌 교권과 시대의 우상 앞에 도전한
초대교회 성도들과 베드로의 증거를 붙잡습니다.

참된 복음의 내용과 능력은 없이 경건의 모양과 종교적 열심에 잡힌
나의 올무가 있다면, 아직도 그리스도 안에서
모든 것을 다 받았음에도 앉은뱅이처럼, 육신적인 뭔가를
간절히 얻기를 바라는 기복주의 신앙이 있다면,
참된 중심이 없는 겉치레식의 신앙 습관과 무디어진
영적 감각으로 앉은뱅이 된 신앙의 모습이 나에게 있다면,
속히 그 올무에서 벗어날 것을 결단합니다.

아직도 세상 명예와 인기와 사람들에게 인정 받기를 좋아하는

나의 좁고 나약한 감정과 마음을 치유하시고,
나를 인도하셔서 현장에 증인으로 세우실 때에
오직 그리스도만을 높이며, 자랑하고,
마지막까지 복음을 위해 쓰임 받는 제자로 서기를 원합니다.

하나님, 오늘도 나의 옛 체질과 습관과 상처를 따라 나를 속이는
수많은 세상의 유혹과 사탄의 올무 앞에서도 복음을 위한
작고 좁은 길을 선택하도록 힘을 주시고, 어려운 현실과
문제 앞에서도 남겨진 후대와 전도와 선교를 위해 사사로운 것에
얽매이지 않는 넓고, 큰 결단을 하게 하시옵소서.

버려야 할 것을 버리고, 참 복음을 누리면서
하나님의 때를 기다리며, 그리스도 안에 있는 생명의 가치를 알고,
이 생명을 위해 내 생명을 걸고,
생명을 잃어버린 영혼을 살리는 참된 헌신과 도전을
회복하게 하시옵소서.

모든 사탄의 올무에서 나를 자유케 하신
예수 그리스도이름으로 기도드립니다. 아멘.

# 기도하러 가다가
사도행전 16:16-18

우리가 기도하는 곳에 가다가 점치는 귀신 들린 여종 하나를 만나니 점으로 그 주인들에게 큰 이익을 주는 자라 그가 바울과 우리를 따라와 소리 질러 이르되 이 사람들은 지극히 높은 하나님의 종으로서 구원의 길을 너희에게 전하는 자라 하며 이같이 여러 날을 하는지라 바울이 심히 괴로워하여 돌이켜 그 귀신에게 이르되 예수 그리스도의 이름으로 내가 네게 명하노니 그에게서 나오라 하니 귀신이 즉시 나오니라(행16:16~18).


서론. 영적 상태에 따라—어디에 가다가 누구를 만나는가?(행16:13, 16)
1) 영혼에 각인 된 것이 인생의 모든 것을 좌우합니다(참 능력, 기도제목)
2) 과거의 틀이 바뀌어야 운명의 굴레에서 벗어납니다.
3) 미래를 향한 참된 비전을 보고 가야 방황하지 않습니다.

1. 진정한 나를 발견하고 나를 누려라(행16:16-18)
  1) 현장은 어둠과 흑암에 잡혀있다.(16)
  2) 사탄도 나를 안다—하나님의 종, 전도자
  3) 예수 그리스도 이름으로 내가 네게 명하노니(18)

2. 하려고만 하지 말고, 할 수 있는 상태를 만들어라
  1) 내적인 상태(갈2:20, 고전3:16, 시17:15)
  2) 외적인 상태—예배성공(행2:42, 10:33)
  3) 기도의 맛을 알게 될 때(기도시간, 기도장소, 기도응답을 찾게 됨)

결론. 우리가 반드시 남겨야 할 것 세가지
1) 올바른 복음과 올바른 교회(대상29:10-14, 행2:1-47)
2) 후대와 렘넌트 운동(신6:4-9, 삼상7:1-5, 왕하6:8-24)
3) 미래 살릴 올바른 신학교 운동(딤후2:1-7, 골4:7-8).

온 우주 만물을 창조하시고 다스리시는 하나님께 감사드립니다.
하나님의 절대적인 계획 속에서 무조건적인 은혜와
사랑으로 나를 택하시고 부르시사
하나님의 말씀에 반응하고 화답하는 하나님의 백성
하나님의 자녀로 살아가게 하심을 감사드립니다.

영적인 상태에 따라 인생의 모든 것이 결정된다는
사실을 깨닫게 하신 하나님 지금 내 영혼에 오직 그리스도의
복음과 생명의 말씀들을 채우고 각인 합니다.

지금 내 영혼을 오직 성령으로 충만케 하옵소서.
항상 성령으로 나와 함께 하시고, 인도하시며, 기도에 응답하시는
하나님께서 지금도 천군과 천사를 앞서 보내시고, 모든 흑암과
사단의 세력을 꺾으시사 보좌의 능력으로 나를 지키시고,
오늘도 세계 복음화의 언약을 이루는 길이 되게 하시옵소서.

이 기도 속에서 끊임없이 나 자신의 영적인 상태를 돌아보며,
무한한 하나님의 능력을 체험하게 하사 위로부터 주시는 기도의
제목을 붙잡고 묶여 있던 과거의 모든 삶의 틀과 운명의 굴레에서
벗어나 미래를 향한 참된 비전을 보며, 지금 내 앞의 모든 어둠의
능력자들과 강한자를 이기는 그리스도의 제자로 서게 하시옵소서.

하나님 지금 현장은 창세기 3장(거짓 진리), 6장(거짓 행복),
11장(거짓 성공)의 문제와 사도행전13장(무속), 16장(점술),
19장(우상)의 문화로 가득합니다. 또한 그 어둠의 역사와 문화 속에서
사람들은 영적문제와 우상문제와 정신문제로 고통하며

내려놓을 수 없는 인생의 짐을 지고, 육신의 질병과 알 수 없는
미래와 내세의 불안함 속에서 고통하며 이 모든 영적인 저주와
고통이 후대에게 대물림된다는 사실을 모른 채 살아가고 있습니다.

오늘도 내가 가는 모든 현장에 예수가 그리스도 되심이
나를 통해 선포되고 증거되게 하사 운명에 묶인 자가 운명에서
해방얻는 역사를 보게 하시옵소서.

하나님 이 일을 두고, 먼저 기도 하기를 원합니다.
강한자의 손아귀에서 한 영혼을 건져내는 강한 기도의
용사가 되게 하시옵소서.

갈수록 시대는 어두워져 가고 있습니다.
그리스도가 희미해져 가고 교회는 종교화 되어져 가고 있습니다.
하나님 이제 나의 남은 생애를 두고, 올바른 복음과
이 복음 전하는 교회를 남기기를 원합니다. 이 복음을 깨닫고
영원히 흔들리지 않는 후대를 남기고, 현장을 변화시키고,
시대를 살리는 살아있는 신학을 정립하는 신학교를 남길 수 있는
헌신을 작정합니다.

내 영혼의 주인이 되시고, 인생 전체의 주권자가 되시는
예수 그리스도 이름으로 기도드립니다. 아멘.


2013. 10. 20 주일 말씀 기도문

# 기도 속에서 누리는 나만의 전도
## 사도행전 1:12-14

제자들이 감람원이라 하는 산으로부터 예루살렘에 돌아오니 이 산은 예루살렘에서 가까워 안식일에 가기 알맞은 길이라 들어가 그들이 유하는 다락방으로 올라가니 베드로, 요한, 야고보, 안드레와 빌립, 도마와 바돌로매, 마태와 및 알패오의 아들 야고보, 셀롯인 시몬, 야고보의 아들 유다가 다 거기 있어 여자들과 예수의 어머니 마리아와 예수의 아우들과 더불어 마음을 같이하여 오로지 기도에 힘쓰더라(행1:12~14).

서론. 복된 사람이 있으면 다 살아납니다.
1) 복이 있는 사람이 생육하고, 번성하고, 충만하고, 정복하고,
   다스리게 됩니다.
2) 하나님께서 주시는 것이 복입니다.
3) 하나님께 가까이 하는 것, 하나님과 함께 걷는 것.
4) 말씀을 즐거워하고 묵상하는 사람, 말씀을 듣고 행하는 사람.

본론. 전도 이전에 기도 속에서 나의 전도부터 누려라
1. 전도 이전에
   1) 복음의 가치부터 체험하라
   2) 구원 받은 자의 확신부터 회복하라
   3) 신분과 권세부터 누려라

2. 기도 속에서 누리는 나만의 전도(재앙을 막는 복음과 나의기도)
   1) 복음누리는 기도 - 그리스도 3중직, 신분, 권세, 5재창조 ,5력
   2) 하나님께서 함께 하심을 누리는 정시예배
   3) 듣고(강단), 읽고(성경), 기록하고, 묵상하고, 포럼하라

결론. 참 복을 누리면 가장 가까운 나의 현장부터 살아납니다.

참 복음이신 그리스도를 주시고, 그리스도 안에서
나를 복이라 하시며 가는 곳마다 복되게 하는 비밀을 주신
하나님께 감사와 찬송을 올려 드립니다(창39:1-5).

더 필요한 것도 없을 만큼 큰 복을 이미 주셨고 받았음에도
아직도 세상과 육신적으로 필요한 다른 복을 찾고 바라는
나를 발견합니다. 하나님을 가까이 함이 내게 복이며(시73:28).
하나님과 함께 행하는 것이 나의 참 복임을 고백합니다(미6:8).

주는 그리스도시오 살아계신 하나님의 아들이십니다.
오늘도 그리스도는 내 모든 삶의 구원이시고, 과거의 상처와 실수로
인한 실패와 저주와 재앙에서 해방이 되시며 어둠과 사탄의 역사
앞에서 참 승리가 되시는 나의 참 선지자 제사장 왕이십니다.
나를 자녀 삼으신 하나님 보혜사 성령을 보내주셔서
항상 함께 하시고, 모든 삶을 인도하시고,
기도에 응답하심을 믿고 감사합니다.

항상 주의 천군과 천사를 앞서 보내시고, 모든 어둠과 사탄의 세력을
결박하시는 하나님 하늘 보좌의 능력으로 함께 하시사
오늘도 모든 일과 만남이 세계복음화 이루는 걸음과
만남이 되게 하시옵소서.

현장의 12가지 재앙과 멸망의 상태를 치유하는 예수 그리스도
이름으로 내 삶과 가정과 가문과 모든 현장의 창3장, 6장, 11장의
사탄과 저주와 재앙은 무너질 찌어다,
가는 곳마다 하나님 나라 이루는 임마누엘의 비밀 주신 하나님.
무속과 점술과 우상문화로 뒤덮인 이 현장에

하나님의 나라가 실현되는 그날을 바라보며 기도합니다.
이곳에 하나님의 나라를 실현시킬 가장 중요한
문(사람, 장소, 사건)을 보기 원합니다.

모든 영적인 문제와 우상의 세력들이 무너지고,
각종 정신적인 문제와 육신의 질병과 미래의 불안을 가져다 주는
악령이 결박되고, 피할 수 없는 대물림의 저주 속에서
고통하는 영혼들이 치유되게 하시옵소서.

오늘도 복음으로 행복한 내 인생의 재창조,
이 복음으로 행복한 성도들의 공동체와 교회 재창조,
각자의 자리에서 복음을 누리고, 전함으로 회복되는 현장의 재창조,
이런 성도와 교회를 배경삼고 일어나는 후대와 미래의 재창조,
이 모든 재창조의 역사가 Movement로 일어날 때 되어질
문화 재창조와 세계복음화 하는
교회다운 교회를 세우게 하시옵소서.

7천 제자와 700지교회를 세워 전도자를 돕고 세계 복음화
1천만 제자 세우는 일에 함께 동참하며,
전 세계의 미자립 교회를 살리는
1만 교회운동과 전세계 20억 후대를 살릴 RUTC운동에
필요한 영력, 지력, 체력, 경제력, 인력을 부어 주시옵소서.

이 모든 일을 이루시고,
친히 영광 받으실 예수 그리스도 이름으로 기도드립니다 아멘.

2015. 2. 22 주일 말씀 기도문

# 나의 자랑(나의 길)
## 사도행전 20:23-24

오직 성령이 각 성에서 내게 증언하여 결박과 환난이 나를 기다린다 하시나 내가 달려갈 길과 주 예수께 받은 사명 곧 하나님의 은혜의 복음을 증언하는 일을 마치려 함에는 나의 생명조차 조금도 귀한 것으로 여기지 아니하노라(행20:23~24).

서론. 성도의 참된 자랑(갈6:14, 고후11:30, 약1:10)
 1) 갈6:14 십자가만 자랑합니다.
 2) 고후11:29-30 나의 약함을 자랑합니다.
 3) 약1:10 낮아짐을 자랑합니다.

본론. 날마다 생각하고, 발견해야 할 것
1. 참된 가치발견
   1) 복음의 가치(빌1:20-21, 3:7-21, 롬1:16-17, 14:8)
   2) 교회의 가치(고전12:4-31, 12-13, 27, 딤전1:12-15, 엡3:10-11)
   3) 전도-선교의 가치(행1:8, 마24:14)

2. 반드시 찾아야 할 나의 것
   1) 나의 복음(롬2:16, 16:25)    2) 나의 교회(엡1:22-23, 5:25)
   3) 나의 전도-선교(막1:38, 고전2:4)

결론. 나의 달려갈 길(행20:24)
 1) 복음을 위하여(엡3:7, 막10:29-30)
 2) 교회를 위하여(골1:24-27, 고후11:27-28)
 3) 전도(선교)를 위하여(행20:23-24).

복음만을 자랑하며 살아가도록 은혜 주신 하나님께 감사드립니다.

예수가 그리스도 되심과 그 언약 속에서 받은 은혜와 응답을
빼고서는 자랑할 것이 없는 인생이 되게 하심에 감사드립니다.

예수 그리스도의 십자가를 자랑하고 나의 약함을 자랑하며
낮아짐을 자랑할 때마다 그리스도께서 능력으로 역사하사
오히려 그 안에서 강하게 하시고, 높이시는 것을 봅니다.

날마다 예수 그리스도의 복음과 그 이름으로 세우신 교회와
그를 증거하는 전도와 선교앞에서 나의 삶을 돌아보며 갑니다.

믿음의 선진들과 사도 바울이 깨닫고 발견한 복음과
교회와 전도의 가치를 깨닫기를 원합니다.

살든지 죽든지 내 몸에서 그리스도가 존귀하게 되며 그리스도의

몸된 교회 안에서 참된 나의 신앙과 삶의 현주소를 찾고, 전도와
선교를 두고 살아가야 할 남은 인생의 길을 생각하기 원합니다.

날마다 나의 생명 나의 그리스도를 고백합니다.

그리스도께서 교회를 위해 자신을 내어주심 같이 창대교회는
내 몸이요 모든 것을 드려서 세워가야 할 나의 교회입니다.

복음과 교회의 답을 가진 나에게 전도와 선교는 내게 주어진
모든 것과 남은 인생의 모든 것을 드리고(All in),
쏟아 부어야(All Out)해야 할 삶의 이유임을 고백합니다.

오직 복음과 교회와 전도 선교 속에서 나의 달려갈 길을 찾게 하시고,
죽음까지도 이유가 되지 않고, 과정으로 누리게 하시는
예수 그리스도 이름으로 기도드립니다. 아멘.

2018. 1. 21 주일 말씀 기도문

# 인생 전체를 드리는 거룩한 산 제사

로마서 12:1-21

예수 그리스도의 종 바울은 사도로 부르심을 받아 하나님의 복음을 위하여 택정함을 입었으니 이 복음은 하나님이 선지자들을 통하여 그의 아들에 관하여 성경에 미리 약속하신 것이라 그의 아들에 관하여 말하면 육신으로는 다윗의 혈통에서 나셨고 성결의 영으로는 죽은 자들 가운데서 부활하사 능력으로 하나님의 아들로 선포되셨으니 곧 우리 주 예수 그리스도시니라(롬12:1~4).

서론. 인생 전체를 향한 하나님의 계획이 있습니다
1. 말씀을 올바르게 받을 때 모든 삶이 살아납니다
  1) 참된 복음관(마16:16, 롬1:16-17, 고전1:18)
  2) 참된 교회관 (행20:28, 엡1:1-13, 4:1-16, 고전3:16-17)
  3) 참된 목자관(롬1:1, 엡2:20, 계2:1, 고전3:1-9)
2. 참된 사명관(기도제목)
3. 참된 인생관(전도방향)

본론. 모든 삶이 예배요, 찬양입니다.
1. 반드시 승리하는 길(롬12:1-2)
  1) 구원받은 자의 축복   2) 살아있는 예배회복
  3) 어떻게 산 제사에 승리할 것인가?

2. 복음누리는 자가 반드시 가져야 할 지혜(롬12:3-13)
  1) 사람관계에 승리하는 지혜를 얻어라(자기분수)
  2) 사람마다 다름을 보는 지혜(사람이해)
  3) 사람을 이끌어 가는 지혜(수용과 초월)

결론. 반드시 누려야 할 창대교회 성도의 축복 (말씀실현 팀).

그리스도의 복음을 주신 하나님께 감사드립니다.
그 복음으로 성도 한 사람 한 사람을 교회로 부르시고, 모으셔서
이땅에 거룩한 교회공동체를 이루게 하심을
감사드립니다.

또한 이 교회와 주의 사자를 통해 때마다 쉼 없는 그리스도의 복음을
듣게 하시고, 그 말씀으로 새로움을 입고, 삶의 방향과 답을 얻어
참된 신앙생활을 체험케 하심을 감사드립니다.

살아 갈수록 이 복음의 소중함을 더욱 깨닫게 하시고,
그리스도의 피로 세워진 교회와 예배와 성도 한 사람, 한 사람에 대한
소중함을 알아가며, 그리스도의 복음을 전달하는 주의 사자의
소중함을 알아 복음과 교회와 강단을 중심으로 한 삶을 회복하고,
이 일을 위한 기도의 제목을 나의 사명으로 붙잡습니다.

또한 남은 인생이 복음을 위해 드림이 되기를 원합니다.
그 일을 두고, 나의 과거를 인도해 오신 하나님의 경륜을 믿습니다.
지금까지 살아온 모든 과거가(상처 남다른 경험 실패 어려움...)
복음과 전도를 두고, 돌아볼 때 모든 것이 축복의 발판이요
응답이었음을 깨닫게 하심을 감사드립니다.

아직도 남은 상처와 과거에 대한 후회가 남아 있다면
이것 또한 중요한 복음전파의 도구로 발견되고 붙잡아지는 날이
올 것을 믿습니다.
참된 복음관 교회관 목자관 사명관 인생관을 새롭게 조명하게 하신
하나님 이 속에서 구원받은 하나님의 자녀요 그리스도의 몸된
교회요 참 성도다운 신앙생활을 회복하고, 살아있는 예배의 축복과
응답을 체험하게 하실 것을 믿습니다.

무엇보다 예배를 삶의 최우선 가치에 두고, 모든 공예배를 통해
주시는 말씀을 가장 올바르게 받는 예배자의 중심을 준비하며
예배에 나아갈 것을 다짐합니다.
또한 예배를 통해 받은 말씀을 가지고, 나머지 6일의 모든 삶을
축복으로 바꾸는 삶의 예배를 체험하기를 원합니다.

걸음마다 순간마다 받은 말씀과 그리스도의 이름을 읊조리고,
고백하며 내 몸과 인생 전체를 하나님께 드리는
산 예배자로 서기를 원합니다.

지금도 나의 기도와 예배를 받아 주시옵소서.
이 세대를 본받지 않고 시대를 이끌 수 있는
힘과 분별의 지혜를 얻고, 모든 사람과의 관계에 승리하여
사람을 통해 예배해 놓으신 모든 응답을 발견케 하시옵소서.

언제나 나의 분수를 따라 그 이상의 생각과 욕심을
품지 않게 하시고, 믿음의 분량을 따라 하나님께서 주신 것을 누리며
사람마다 다름을 인정하고, 진심으로 이해하며 축복하고, 화목하고,
선한 일을 도모하여 오직 전도와 복음의 눈으로 원수까지도
움직이는 힘을 누리기 원합니다.
말씀이 너무나 소중합니다.

이 말씀을 바르게 받고 바르게 누리며, 말씀이 실현되는 일을 위해
온 마음을 담고, 매일 실천하는 삶을 기도합니다.

나의 남은 인생전체를 통해 영광을 받으실
예수 그리스도 이름으로 기도드립니다. 아멘.

2014. 4. 13 주일 말씀 기도문

# 때(시기)를 알고 기도하는 성도가 되라

### 로마서 13:1-14

각 사람은 위에 있는 권세들에게 복종하라 권세는 하나님으로부터 나지 않음이 없나니 모든 권세는 다 하나님께서 정하신 바라 그러므로 권세를 거스르는 자는 하나님의 명을 거스름이니 거스르는 자들은 심판을 자취하리라 다스리는 자들은 선한 일에 대하여 두려움이 되지 않고 악한 일에 대하여 되나니 네가 권세를 두려워하지 아니하려느냐 선을 행하라 그리하면 그에게 칭찬을 받으리라(롬13:1~3).

서론. 예수님이 왜?

본론.
1. 처음부터 해답을 주신 하나님(창3:15)
   1) 인간(인류)문제의 해결-마16:16(창3:15, 출3:18, 사7:14)
   2) 사람의 몸을 입고 오심-사7:14, 롬3:23, 마1:25
   3) 십자가에 죽으심으로 모든 것 다 이루심-사53:1-5, 막10:45
   4) 하나님이시라는 증거로 부활하심-시16:8-11, 요일3:8

2. 유일한 문제와 유일한 해답을 아는 유일한 사람
   1) 인생문제는 만 가지라도 문제의 원인은 하나(창3장)
   2) 인생문제의 해답은 하나(마16:16)
   3) 나는 문제와 해답을 아는 유일한 사람입니다(하나님 자녀, 전도자)

3. 십자가와 부활의 승리를 소유한 우리가 기도해야할 것
   1) 세상의 권세자들을 위해 기도하라 2) 사랑의 빚 외에는 지지 말라
   3) 때(시기)를 알고 기도하는 자가 되라

결론. 나에게 복음은?
1) 나는 복음만으로도 충분합니다    2) 나에게 복음은 완전합니다
3) 복음은 내 인생의 모든 것입니다.

하나님의 말씀안에서 하나님과 함께 할 때
모든 것을 다스리고, 정복하고, 충만함을 누리는
하나님의 형상으로 사람을 지으신 하나님.
인류와 인간의 모든 고난과 고통의 시작과
그 이유를 성경을 통해 보게 하시고, 유일한 구원의 길이 되시는
그리스도를 깨닫게 하심을 찬양합니다.

하나님을 떠나서는 스스로 설 수 없는 인간에게 스스로
하나님처럼 될 수 있다는 거짓으로 사람을 속여 말씀을 버리고,
하나님을 떠나 사망의 법으로 묶어버린 사단의 역사를 봅니다.

하나님의 형상(영적존재)대로 지음받은 사람이 하나님을 모르고,
영적인 사실을 깨달 수 없는 영적문제에 빠져 오직 눈에 보이는
현실 문제로 고통하고, 삶의 각종 문제를 해결하고자 영적
본성을 따라 우상을 만들고, 우상 앞에 절하는 신분이 되었습니다.

그 속에서 원인도 모르고 귀신에게 시달리며, 사단이 주는 각종
수많은 정신적인 짐과 질병으로 삶과 육신이 무너지고,
심지어 알 수 없는 질병과 불치병으로 고통하다 결국은 죽음과
심판으로 영원한 지옥에 떨어져야 할 운명에 매였음을 봅니다.

그뿐아니라, 부모를 괴롭힌 사단은 그 자녀와 후손 3-4대까지
이 고통을 대물림시켜 한 가문과 가정을 완전히
파멸에 이르도록 몰아갑니다.
그런데 사람은 그 누구도 해결 할 수 없는 이 문제를
사람의 방법으로 해결하고자 각종 종교와 미신을 섬기고,
인간적인 선행과 노력, 철학과 깨달음으로 구원 얻으려고 합니다.

하지만 이런 인간을 위해 처음부터 복음을 주시고,
인간의 방법으로는 해결할 수 없는 원죄와 그 고통을 해결하시고,
사단의 손에서 구원하시기 위해 이 땅에 사람의 몸을 입고 오시고,
죽으시고, 부활하심으로 완전한 그리스도의 일을 이루시사
이 사실을 믿는 자에게 구원을 주시고, 영원히 함께 하시는 길을
여심에 감사드립니다.

세상의 문제가 만 가지라도 그 문제의 원인이 하나요
사람은 수만가지의 방법을 찾고 만들지만,
모든 인생의 고통과 고난의 문제에 답은 오직 그리스도임을
깨닫고 증거할 한 사람으로 나를 부르신 하나님께 감사드립니다.

시대의 정치, 경제, 사회, 문화, 종교, 모든 부분에 세워진
지도자들과 그들을 움직이는 사단의 역사가 무너지도록
간절히 기도합니다. 또한 내 곁에 두신 영혼과 사람을 진실로
사랑하고 섬길 수 있기를 기도합니다.
사랑의 빚 외에는 지지 않는 삶이 되게 하시옵소서.

참된 만족과 답을 찾지 못해 각종 범죄와 마약과 자살과
가출과 음란과 타락의 문화가 급증하고, 재앙과도 같은
사건 사고들이 넘쳐나며 우리 후대가 무너져 가는 시대입니다.
이때와 시기를 알고 깨어 기도하기를 힘쓰는자 되게 하시옵소서.

나의 부활과 생명이 되신 예수 그리스도 이름으로 기도드립니다.
아멘.

2014. 4. 20 주일 말씀 기도문

# 나(우리)를 부르신 이유가 있습니다
로마서 15:1-21

믿음이 강한 우리는 마땅히 믿음이 약한 자의 약점을 담당하고 자기를 기쁘게 하지 아니할 것이라 우리 각 사람이 이웃을 기쁘게 하되 선을 이루고 덕을 세우도록 할지니라 그리스도께서도 자기를 기쁘게 하지 아니하셨나니 기록된 바 주를 비방하는 자들의 비방이 내게 미쳤나이다 함과 같으니라 무엇이든지 전에 기록된 바는 우리의 교훈을 위하여 기록된 것이니 우리로 하여금 인내로 또는 성경의 위로로 소망을 가지게 함이니라(롬15:1~4).


서론. 최고의 가치를 발견하셨나요?
 1) 인생의 가장 큰 문제를 해결 하는 답이 있나요
 2) 교회멸절 운동 시대를 무엇을 이길까요
 3) 반드시 오는 재앙 시대를 무엇으로 누가 막을까요

1. 오직 그리스도를 향해 "一心" 할 때마다 참된 응답
    1) 출애굽(출3:18) 출바벨론(사7:14) 출로마(마16:16)
    2) 모든 것을 가지고 그리스도를 향해(선지자, 제사장, 왕)
    3) 모든 것을 가지고 말씀, 기도, 훈련, 현장 속으로

2. 구원 받은 자가 마땅히 회복할 것(롬15:1-13)
    1) 구원 받은자의 신분(7가지)과 권세(6가지)
    2) 연약한 자의 약점을 담당(1)
    3) 롬13:11-14 예수 그리스도로 옷입으라.

3. 우리를 부르신 이유가 있습니다(롬15:14-21)
    1) 제사장의 직분을 주셨습니다.(15:16, 18)
    2) 복음 전하지 않으면 재앙이 밀려옵니다
    3) 함께, 전도, 귀신을 내어 쫓는 권능(막3:13-15)

결론. 내 삶 속에 있는 문(전도, 축복, 응답의)을 보라.

그리스도 안에서 참된 인생의 가치를 발견하게 하시고,
나를 이땅에서 가장 가치 있는 존재로 삼아주심을 감사드립니다.

인생의 가장 큰 문제를 해결하는 답 처음부터 지금까지
그리고 최후까지 그리스도를 모르도록 역사하는 사단을 이길
유일한 복음을 깨닫게 하심 감사드립니다.

'오직 그리스도만을 전하라'고 그리스도의 터위에 세워진 교회입니다.
이 교회가 교회의 사명을 잃어버리도록 복음을 희미하게
공격하는 사탄의 역사를 봅니다.
급증하는 정신병 마음의 병과 음란과 타락과
각종 범죄와 자살과 이혼과 청소년 문제들 속에서
반드시 오게 될 영적 재앙의 시대를 막을 유일한 해답을 가진 교회로
부르셨음을 믿습니다.

하나님 나와 이 교회에 은혜를 베푸시사 나 한 사람이라도
우리 교회만이라도 오직 그리스도의 언약을 회복하고 모든 일
사건 사람과 문제를 가지고, 오직 그리스도를 향해 서게 하사
모든 불신앙과 상처를 넘어서는 말씀과 기도와 훈련과
현장 속으로 들어 가기를 원합니다.

틀린 각인, 무능, 연약함을 치유받고, 마땅히 교회가 회복하고,
누려야 할 신분과 권세를 누리며 연약한자를 담당하고
이웃을 향해 선을 이루고, 덕을 세우며 말씀에 귀를 기울이고,
인내하고 한마음 한입으로 하나님께 영광을 돌리며
서로 용납하는 참된 교회를 세우길 원합니다

지금은 자다가 깰때입니다. 일어나 빛의 갑옷을 입고,

사탄의 통로가 되는 술취하지 말고, 음란과 호색하지 말며
다툼과 시기하지 말고 오직 그리스도로 옷 입는
삶이 되길 기도합니다.
인생의 가장 큰 문제와 답을 알고, 교회를 살리는 답을 알고,
영적 재앙을 막을 답을 가진 교회로
나를(우리를) 부르셨음을 믿습니다.

또한 이 복음 전하지 않으면 반드시 당하게 되는 개인의 재앙과
가정과 지역과 이 민족과 시대의 재앙을 막을
전도자로 부르심을 감사합니다.

오늘 내가 있는 이 자리에서 부터 정말로 복음이 필요한 이유를
절감하게 하시고, 이 지역과 시대를 바라보며 복음가진 한 사람이
얼마나 소중하며 나를 이곳에 부르신 하나님의 뜻이
무엇인가를 분명하게 보기를 원합니다.
창대교회의 모든 성도와 모든 후대가 그리스도의
복음을 전달하는 현장의 문으로 부름 받았음을 깨닫고
누리게 하옵소서.

작은 일, 작은 문제 하나라도 반드시 복음과 말씀과 기도와 전도와
선교를 두고 생각하고 묵상하며 그 속에서 답을 얻고 힘을 얻어
내가 있는 이 땅(가정, 학교, 직장)에서 부터 세 단체를 통해 일어나는
재앙의 시대를 막고 하나님께 영광을 돌리는
홀리메이슨으로 서게 하옵소서.

나를 부르신 참된 이유를 깨닫게 하신
예수 그리스도이름으로 기도드립니다. 아멘.
2014. 5. 4 주일 말씀 기도문

# 나는 그리스도의 것입니다
## 고린도전서 3:1-23

형제들아 내가 신령한 자들을 대함과 같이 너희에게 말할 수 없어서 육신에 속한 자 곧 그리스도 안에서 어린 아이들을 대함과 같이 하노라 내가 너희를 젖으로 먹이고 밥으로 아니하였노니 이는 너희가 감당하지 못하였음이거니와 지금도 못하리라 너희는 아직도 육신에 속한 자로다 너희 가운데 시기와 분쟁이 있으니 어찌 육신에 속하여 사람을 따라 행함이 아니리요 어떤 이는 말하되 나는 바울에게라 하고 다른 이는 나는 아볼로에게라 하니 너희가 육의 사람이 아니리(고전3:1~4).

서론. 먼저 들어간 세상 지식과 나의 각인(고전1:18-31, 2:6-8)

본론. 영에 속한 사람
1. 육에 속한 어린 아이의 신앙을 벗어 버리라(1-9)
   1) 나 중심, 육신중심, 세상중심의 신앙-시기, 분쟁, 다툼
   2) 사람중심의 신앙을 넘어서라(4-9, 21)
   3) 기복주의 신앙을 벗어나라

2. 그리스도의 터 위에 세워진 교회(10-17)
   1) 교회의 참된 터가 되신 그리스도
   2) 오직 그리스도의 고백과 체험이 없으면 바른 신앙의 성장을
      이룰 수 없다.
   3) 날마다 나는 죽고 그리스도께서 사심을 체험하라(갈2:20)

3. 참된 영적인 지식을 알고 영에 속한 신앙을 누려라(고전1:18)
   1) 구원의 길 메세지를 자신의 것으로 만들라
   2) 성령의 내주, 인도, 역사를 믿고 누리라(고전3:16)
   3) 기도(예배)할 때 일어나는 세 가지 사실
     (성령역사, 천사동원, 사탄결박)

결론. 나의 것, 그리스도의 것, 하나님의 것(고전3:21-23).

참된 그리스도의 복음 알기 전에 들어간 지식과 사상이
삶을 움직이는 바탕이 되어 있었던 나에게 참된 그리스도의
복음과 영적 지식을 깨닫게 하사 성령 안에서 성령을 따라
행하는 삶의 비밀을 주심에 감사드립니다.

오직 복음을 막는 거짓 영의 역사를 따라 하나님 없는 지식과
사상을 담은 문화 속에서 나도 모르게 각인되고,
뿌리 내리고, 체질이 된
"나"중심 "육신"중심 "성공"중심의 삶이
지금도 자리잡고 있음을 깨닫습니다.

놀라운 생명의 복음을 주셨음에도 육신 중심과 사람 중심으로
시기와 분쟁과 다툼을 일으키는 자리에 서게 하고,
무엇이든지 내 생각대로 되어야 응답이고 육신의 만족과
세상의 성공만 주어지면 응답이라 여기는 어린 아이신앙
기복신앙에서 속히 벗어나길 원합니다.

어릴 때부터 복음은 가치없는 것이라 여기도록 교육하고
훈련하는 이 시대의 교육 현장과 세상의 구조를 보며
오직 예수 그리스도의 순수한 복음과 그 안에 있는 비밀만이
세상을 살리는 참된 지혜요 지식임을 증언하는
증인으로 살 것을 다짐합니다.

모든 성도와 우리 후대들이 예수가 그리스도라는 사실을 아는
수준을 넘어서 예수 그리스도가 나의 참 주인 되심을 체험하고,

고백하기 까지 나를 위해 그리스도를 보내신
하나님의 이유를 집중하고 지속하여 묵상하고 훈련 하겠습니다.

성령을 통해 보여주신 참 되고, 분명한 영적 사실을 믿고,
영에 속한 신앙을 사모하고, 항상 함께 계시는 성령
하나님의 역사와 인도를 믿고 고백합니다.

어떤 삶의 순간과 문제 앞에서도 나 보다 먼저 나를 위해
간구하시고 인도하시는 성령 하나님을 의지합니다.

예수가 그리스도 되심을 믿고 고백하는 지금 이 자리에도
역사하시고, 주의 천군과 천사를 동원하시고,
모든 흑암과 사탄의 역사가 무너지는 것을 믿습니다.
모든 것이 하나님께 속한 것임을 고백합니다.

이 모든 것을 통치하고 다스리는 권세를 그리스도께 맡기시고,
그리스도 안에서 나에게 이 모든 만물을 다스리고
정복하는 권세 주심을 감사합니다.

나를 소유 삼으시고 영원한 생명주신
예수 그리스도 이름으로 기도드립니다. 아멘.

내가 그리스도와 함께 십자가에 못박혔나니
그런즉 이제는 내가 사는것이 아니요 오직 내
안에 그리스도께서 사는 것이라
이제 내가 육체 가운데 사는것은
나를 사랑하사 나를 위하여
자기 자신을 버리신 하나님의 아들을 믿는
믿음 안에서 사는 것이라
(갈라디아서 2:20)

# 무엇을 하든지 하나님의 영광을 위하여
### 고린도전서 10:1-33

형제들아 나는 너희가 알지 못하기를 원하지 아니하노니 우리 조상들이 다 구름 아래에 있고 바다 가운데로 지나며 모세에게 속하여 다 구름과 바다에서 세례를 받고 다 같은 신령한 음식을 먹으며 다 같은 신령한 음료를 마셨으니 이는 그들을 따르는 신령한 반석으로부터 마셨으매 그 반석은 곧 그리스도시라(고전10:1~4).

서론. 성경을 주신 참된 이유를 알아야 합니다.
    1) 영세전부터 시작된 문제와 영세전부터 주신 해답
    2) 첫 사람부터 무너진 문제와 처음부터 주신 언약
    3) 시대마다 반복되는 재앙과 복음가진 한 사람
    4) 오래된 가문과 가정의 문제와 회복의 길
    5) 벗어날 수 없는 운명과 개인 구원의 답

본론. 참된 교훈
1. 당연한 재앙과 멸망에 대한 교훈
    1) 악을 즐겨하는 것    2) 우상숭배    3) 간음
    4) 하나님을 시험      5) 하나님을 원망

2. 반드시 승리하는 성도의 삶-하나님의 영광을 위하여
    1) 언제나 겸손함으로 전도자의 삶을 실천하고 포럼하라
    2) 모든 영적, 육신적 우상을 버려라
    3) 복음에 유익한 것, 교회에 덕을 세우는 것을 하라
    4) 모든 것을 하나님의 영광위해서 하라

결론. 어떻게가 아닌 왜를 먼저 생각하라
    1) 왜 복음을 주셨는가    2) 왜 교회를 세우셨는가
    3) 왜 전도하지 않으면 안 되는가
    4) 왜 후대에게 복음을 심어야 하는가
    5) 왜 문화를 살려야 하는가.

기록된 성경의 말씀을 통하여 오직 예수만이 그리스도 되신
참된 복음을 깨닫고 영생에 이르는
구원의 길을 만나게 하신 하나님께 감사드립니다.

아무도 해결할 수 없는 인생문제의 진짜 원인과
그 해답을 바로 알고, 세상을 보고, 사람과 문화를 보고,
가정과 가문을 보며 그 속에서 자라 온
나 자신을 볼 수 있는 은혜를 주심에 감사드립니다.

성경을 통해 세상에 일어나는 수많은 문제와 재앙의 이유를 분명히
보여 주시고, 우상의 심각성을 깨닫게 하신 하나님,
하나님께서 주신 것보다 세상의 악을 더 즐거워 하고,
우상을 섬기고, 육신의 쾌락을 좇아 온갖 음행과 더러운 것을 행하며,
심지어 하나님을 시험하고 조롱하며
주께서 세우신 교회와 주의 종들과
전도자들을 원망하고, 핍박하는 재앙시대입니다.

이같은 위기의 때에 하나님의 은혜 입은 남은 자로 나와
우리교회와 전도자들을 부르심을 믿습니다.

언제나 하나님을 즐거워하고 겸손함으로 오늘의 말씀과
기도와 전도 속에서 전도자의 삶을 살아가길 원합니다.

무엇보다 나 자신에게 남아 있는 복음보다 앞서는 생각과 기준과
영적 육신적 우상들이 무너지고 치유 되기를 원합니다.

언제나 복음에 유익하고 교회의 덕을 세우는데, 유익한 쪽으로
모든 것을 생각하고 행하는 일꾼으로 서게 하시옵소서.

내가 복음을 위해 "어떻게" 할까보다 왜 복음을 주셨는지
"왜" 복음이 아니면, 안되는지를 먼저 생각하고, 복음의
참된 가치를 체험하고, 그 안에서 교회의 가치 전도와 선교의 이유
후대와 문화를 회복해야 할 이유를 날마다 알아가길 원합니다.

먹든지 마시든지 무엇을 하든지 다 하나님의
영광을 위해 행할 것을 고백합니다.

나의 영원한 찬송과 노래의 제목이 되시는 예수 그리스도 이름으로
기도드립니다. 아멘.

# 십자가와 부활의 증인
고린도전서 15:1-20

형제들아 내가 너희에게 전한 복음을 너희에게 알게 하노니 이는 너희가 받은 것
이요 또 그 가운데 선 것이라 너희가 만일 내가 전한 그 말을 굳게 지키고 헛되이
믿지 아니하였으면 그로 말미암아 구원을 받으리라(고전15:1~2).


서론. 예수 그리스도의 십자가와 부활의 이유(사53:4-6).

본론. 십자가와 부활의 주가 되신 그리스도
1. 예수 그리스도의 죽으심과 부활의 역사적 증거
　　1) 헤롯왕때에 유대 땅 베들레헴에서 나심(마2:1-3)
　　2) 로마의 속국, 본디오 빌라도(총독) 때에 죽으심(마27:20-23, 신앙고백서)
　　3) 성경대로 오시고, 죽으시고, 부활하심(고전15:3-4)
　　4) 도난설, 기절설, 환상설(마28:11-15)
2. 죽어야 사는 비밀을 완성하신 예수 그리스도(고전15:35-46)
　　1) 인간을 구원하기 위해서 반드시 죄 없는 사람이 죽어야 합니다-대속, 구속
　　2) 죄 없으신 예수께서 죽음으로 죽음의 세력을 잡고 마귀를 멸하신 것이 십자가.
　　3) 하나님이시라는 증거로 부활하심으로 영원한 생명과 부활의 첫 열매가 되셨다
　　4) 이 사실을 믿을 때 구원을 얻습니다(요3:16, 요17:3)

결론. 부활의 소망과 생명 안에서 사는 자의 삶
　1) 삶의 위협과 어려움에 흔들리지 않습니다(고전15:29)
　2) 하나님의 방법으로 세상과 싸웁니다-날마다 그리스도 안에서 죽습니다
　3) 예수 그리스도로 말미암아 항상 승리합니다(고전15:57)
　4) 항상 주의 일에 더욱 힘쓰는 삶, 주안에서 헛되지 않은 수고의 삶.
　5) 날마다 나를 기념하라. 나를 기억하라(고전11:24-25)
　6) 부활의 증인으로 살아가라(고전15:1-11).

또한 이 복음을 깨닫게 하시고, 오직 십자가와 부활의 증인으로
살아가도록 불러주신 하나님께 감사드립니다.

오직 그리스도의 십자가와 부활의 복음이 아니면
소망이 없는 인간의 상태와 우리 삶의 현주소를 깨닫게 하시고,
사도 바울과 같이 복음의 이유와 참된 가치를 깨닫게 하심에
더욱 감사드립니다.

첫 사람 아담의 범죄와 그로 인한 전 인류의 타락과 죄악 가운데
출생하여 멸망의 길을 걸어가는 나를 구원하시기 위해
처음부터 약속하신 하나님의 언약 앞에 죽기까지 복종하신
그분이 예수요 예수만 그리스도가 되심을 고백합니다.

지금 인류를 타락과 영원한 멸망으로 몰아가는
사탄과 어둠의 역사가 이 땅에 가득함을 봅니다.

참 생명의 부활 신앙을 부인하고 믿지 못하도록 미혹하며
속이는 악한 거짓 영들의 활동이 가득하지만,
오직 예수만이 그리스도 되심을 믿는 우리의 믿음과 말씀에
순종하는 삶 앞에 완전히 무너지는 것을 믿습니다.

십자가의 능력으로 하나님의 사랑을 확증하사 죽어야 살고
죽을 때 이기는 영적싸움의 비밀로
죽음의 세력을 잡은 자 마귀를 멸하시고, 모든 것을 다 이루신
예수만을 찬양합니다.

약속대로 죽으신지 사흘째 되는 날에 부활하사
그리스도 안에 있는 우리의 믿음과 소망이 헛되지 않게 하시고
우리의 수고가 헛되지 않게 하시며,
예수 그리스도의 사랑 안에서 날마다 승리를 주시는
하나님께 감사드립니다.

항상 주의 일에 더욱 힘쓰며 날마다 그리스도를 기억하고, 기념하며
오직 예수 그리스도의 십자가와 부활의 증인으로
살아가기 원합니다.

부활의 참 소망을 주신,
예수 그리스도 이름으로 기도드립니다. 아멘.

2017. 4. 16 주일 말씀 기도문

# 복음의 동역자요 그리스도의 영광

## 고린도후서 8:16-24

또 그와 함께 그 형제를 보내었으니 이 사람은 복음으로써 모든 교회에서 칭찬을 받는 자요 이뿐 아니라 그는 동일한 주의 영광과 우리의 원을 나타내기 위하여 여러 교회의 택함을 받아 우리가 맡은 은혜의 일로 우리와 동행하는 자라 (고후8:18~19).

서론. 영적인 사실을 믿는 자의 신앙과 헌신
 1) 예배할 때 성삼위 하나님, 천군천사 동원, 흑암세력 결박
 2) 이 사실을 아는 사람이 헌신 헌금할 때의 말3:10, 초대교회의 응답
 3) 이 사람이 전도와 선교를 위해 기도할 때 오바댜와 롬16장의 응답

본론. 1. 우리가 품어야 할 성도의 참된 모습(고후8:16-22)
 1) 교회를 향한 같은 간절함과 자원함으로 일하는 일꾼(16-18)
 2) 복음의 사람, 교회의 택함과 칭찬받는자(19)
 3) 재물과 돈에 대하여 흔들리지 않는 자(20-22)

2. 전도자의 칭찬 받는 말씀제자(고후8:22-24)
 1) 전도자의 동료, 교회를 위한 동역자, 복음을 전하는 자,
   그리스도의 영광
 2) 교회를 화목하게 하는 말씀제자(고후5:16-19, 벧전3:10-12)
 3) 모든 불신앙의 잠재우는 복음제자(고후7:6-10)

결론. 욥의 회개와 나의 회개(욥42:1-6)
 1) 하나님의 말씀 앞으로 돌이키는(요8:31-38, 신39:1-4)
 2) 나, 육신 중심의 자리에서 복음 중심으로(고후6:3-8)
 3) 세상 중심에서 전도, 선교중심으로.

성경에 기록된 모든 말씀과 복음의 능력을 믿고
구원얻은 성도가 예배하고 기도하며 복음을 전할 때 일어나는
영적 사실을 믿음의 눈으로 보게 하시는 하나님께 감사합니다.

지금도 그리스도의 언약 붙잡고 기도하는 이 자리에 삼위일체 되신
성부,성자,성령 하나님께서 임재 하심을 믿습니다.

주의 말씀과 그 말씀의 뜻을 이루는 천군과 천사의 활동과
눈에 안보이게 우리를 속이는 흑암의 세력이 결박되는
사실을 믿고 누리게 하심에 감사합니다.

언제나 저의 신앙생활과 헌신이 영적 사실을 믿는 참된 믿음과
전도와 선교를 향한 참된 열심 가운데 서게 하사 오바댜와
롬16장의 일꾼들과 수많은 믿음의 증인들이 누린 헌신과
복음을 위한 결단의 대열에 서기를 원합니다.

하나님 나의 신앙이 언제나 복음을 위해 온전히 자신을 드렸던
성경 속 믿음의 선진들의 길에 서기를 원합니다.

언제나 복음의 사역과 교회를 위해 디도와 그 형제들과 같은
간절함을 가지고, 자원함으로 수고하는 일꾼이 되게 하시고,
목회자와 온 교회로부터 복음의 사람으로 택함과 칭찬을 받으며
작은 이익과 계산 앞에서 흔들리지 않고, 신실하게 맡겨진
사명을 감당하는 제자가 되길 원합니다.

복음을 전하는 목회자와 모든 성도의 동료로 동역자로
복음을 전하며, 그리스도의 영광을 나타내는 자로 서서
온 교회를 화목하게 하고, 모든 분쟁과 불신앙을 잠재우는
오직 말씀제자, 복음제자로 쓰임받기를 원합니다.

말씀 앞에서 나를 돌아보는 신앙의 규례를 허락하사
순간마다 나 중심과 육신중심과 세상중심으로 치우치고,
말씀보다 내 생각과 의를 앞세우는 영적 교만을 말씀 앞으로
돌이켜 세우며, 날마다 전도와 선교의 길에 서게 하옵소서.

하나님 저는 저 자신을 바꿀 수가 없습니다.
무엇이든지 내 힘으로 바꾸려 하는 생각을 내려놓고,
오늘도 말씀앞에 내 마음을 엽니다.

예배와 말씀을 사모하는 심령을 가득 채우사 날마다 말씀이
나를 새롭게 하심을 체험하길 원합니다.

오직 복음을 위한 동역자로 그리스도의 영광을 위한
증인으로 불러주신,
예수 그리스도 이름으로 기도드립니다. 아멘.

# 기도 망대

초 판 1쇄 | 2023. 11. 17

지 은 이 | 정동훈
펴 낸 이 | 박정자
디 자 인 | 허희승 김옥순 이미경
펴 낸 곳 | 에페코 편집실
신고번호 | 제20011-999127호
주      소 | 서울시 영등포구 여의도동 14-5
전      화 | (02)2274-8204
핸 드 폰 | 010-6472-2297
E-mail | jptop@naver.com

ISBN 979-11-85312-70-5

• 좋은 독자가 좋은 책을 만듭니다.
• 에페코북스는 독자 여러분의 의견에 항상 귀 기울이고 있습니다.